Unmut zur Erziehung

Europäische Hochschulschriften
Publications Universitaires Européennes
European University Studies

Reihe XI
Pädagogik
Série XI   Series XI
Pédagogie
Education

Bd./Vol. 211

PETER LANG
Frankfurt am Main · Bern · New York · Nancy

Peter L. Fedon

Unmut zur Erziehung

Zur gesellschaftstheoretischen Tragweite emanzipatorischer Erziehungskonzeptionen

PETER LANG
Frankfurt am Main · Bern · New York · Nancy

CIP-Kurztitelaufnahme der Deutschen Bibliothek

Fedon, Peter L.:
Unmut zur Erziehung : zur gesellschaftstheoret.
Tragweite emanzipator. Erziehungskonzeptionen /
Peter L. Fedon. - Frankfurt am Main ; Bern ;
New York ; Nancy : Lang, 1984.
  (Europäische Hochschulschriften : Reihe 11,
  Pädagogik ; Bd. 211)
  ISBN 3-8204-8109-5
NE: Europäische Hochschulschriften / 11

ISSN 0531-7398
ISBN 3-8204-8109-5
© Verlag Peter Lang GmbH, Frankfurt am Main 1984
Alle Rechte vorbehalten.
Nachdruck oder Vervielfältigung, auch auszugsweise, in allen Formen
wie Mikrofilm, Xerographie, Mikrofiche, Mikrocard, Offset verboten.
Druck und Bindung: Weihert-Druck GmbH, Darmstadt

Meinem verstorbenen akademischen Lehrer

    PETER R. STRAUMANN

gewidmet, dessen wenig publikumsträchtige Brillanz nie den Beifall der Legitimatoren und Moralisten finden konnte.

Inhalt

Vorwort		1
0	**Zur erziehungswissenschaftlichen Diskussion von Gesellschaft**	5
1	**Zum sozialen Gehalt der pädagogischen Problemstellung in erziehungswissenschaftlichen Theorien**	21
1.1	Das kritisch-emanzipatorische Programm der Befreiung des Individuums zu sich selbst	24
1.1.1	Pädagogische Parteinahme für das unterdrückte Individuum	26
1.1.2	Kritische Erkenntnis und praktische Verbesserung	32
1.1.3	Emanzipation des Einzelnen durch Kritik an der Gesellschaft	34
1.1.4	Was ist Erziehung?	37
1.2	Zur Kritik emanzipatorischer Erziehungstheorie	40
1.2.1	Methodologische Kritik	40
1.2.2	Ansätze paradigmatischer Kritik	48
1.3	Erziehungstheoretische Erklärung von Gesellschaft oder gesellschaftstheoretische Begründung von Erziehung?	54
1.3.1	Erziehungspolitische Programmatik als pädagogische Wirklichkeitsbewältigung	55
1.3.2	Das Dilemma der pädagogischen Anthropologie	59
1.3.3	Die „andere Realität" im pädagogischen Diskurs	62
2	**Zur Erklärung gesellschaftlicher Realität**	68
2.1	Die Rückführung aller menschlichen Verhältnisse auf den Menschen selbst	69
2.1.1	Die Spaltung des Menschen in Privatier und politischen Bürger als Ausdruck politischer Emanzipation	72
2.1.2	Die Entfremdung des gesellschaftlichen Wesens des Menschen	78
2.2	Individualtheoretische und gesellschaftstheoretische Fragestellung	85
2.3	Die werttheoretische Erklärung menschlicher Verhältnisse	94
2.3.1	Zum „Ursprung" der bürgerlichen Gesellschaft	94
2.3.2	Zweck, Mittel und Resultate der kapitalistischen Produktion	100
2.3.2.1	Austausch und Arbeitswerttheorie	101
2.3.2.2	Mehrwert und Kapital	110
2.3.2.3	Konkurrenz der Kapitalien	117
2.3.2.4	Eigentum, Gleichheit und Freiheit	124

3	**Erziehung und Emanzipation in der kapitalistischen Gesellschaft**	**134**
3.1	Die gesellschaftstheoretische Erklärung des pädagogisch-emanzipatorischen Programms	135
3.2	Erziehung zu Bürgern	149
3.3	Qualifizierung zu Arbeitskräften	152
4	**Thesen zur gesellschaftlichen Emanzipation**	**164**
Literaturverzeichnis		169

Vorwort

-"Ich finde es dann auch ganz unangemessen, das Ergebnis, auf das Sie hinauswollen, bereits in der Seminarankündigung vorwegzunehmen, nämlich die angebliche 'theoretische Ausweglosigkeit und Ratlosigkeit' solcher Positionen der 'emanzipatorischen Erziehungswissenschaft'. Selbst wenn man einmal unterstellt, daß das das Ergebnis der Analyse sein könnte, so darf es m.E. nicht dogmatisch vorweggenommen werden. Je schwieriger ein Thema ist, umso leichter fallen Studenten auf solche scheinbar glatten Lösungen herein, übernehmen sie dogmatisch und operieren mit ihnen. Unsereins hat dann möglicherweise in anderen Veranstaltungen enorme Mühe, solche Vorurteile, die die Betreffenden dann gewöhnlich keineswegs präzis an Texten auszuweisen vermögen, sondern die sie eben, weil es so einfach scheint und weil sie der Autorität des früheren Seminarleiters vertrauen, wie Dogmen übernommen haben, wieder abzubauen, zu differenzierter Auseinandersetzung mit Positionen anzuregen usw."
Auszug aus dem Brief an einen Lehrbeauftragten im Rahmen der Dienstaufsichtspflicht des Dekans eines erziehungswissenschaftlichen Fachbereichs, der sich als emanzipatorischer Didaktiker versteht.

- Voll Stolz erzählte mir unlängst ein Student, daß er seit sechs Semestern in keiner Veranstaltung der Universität mehr war und sein Studium jetzt erfolgreich abzuschließen gedenke.

Die vorliegende Dissertation war im Jahr 1979 mit dem trotzigen Elan konzipiert worden, einer fortschreitenden Politik der Anpassung, der wissenschaftlichen Selbstkastrierung und des antiintellektuellen Ressentiments nicht

nachzugeben. Mit einer Argumentation, die in wichtigen
Passagen nicht im Einklang mit zeitüblichen Wissenschafts-
moden stand, mußte ich mich innerhalb des Hochschulbe-
triebs bestenfalls mit der Rolle des Exoten begnügen.

Dem zuweilen aufklärerisch, erklärenden Duktus der folgenden Kapitel ist es anzumerken, daß der Text meinem
Selbstverständnis nach weniger gegen jemand, sondern
eher für viele geschrieben ist, mit denen ich gerade wegen des 'herrschenden Zeitgeistes' möglichst ohne Miß-
verständnisse ins Gespräch kommen wollte.
Ein Teil dieser vielen waren Studenten in den Seminaren,
in denen ich bis zu meiner freiwilligen Demission als
Lehrbeauftragter vor allem für eine Intensivierung der
inhaltlichen Auseinandersetzung und gegen die formale
und rein moralische Befassung mit Lebensinhalten stritt.

Wie ich im nachhinein feststellen muß, können persönliche Einzelerfolge den Blick für Realitäten eine Zeitlang
trüben. Der gegenseitigen Instrumentalisierung von Studenten und Hochschullehrern stand ich jedenfalls mit meinem Anliegen im Wege. Von den Studenten wollte ich mich
nicht 'aussitzen' und von den 'Kollegen' nicht diszipli-
narisch belehren lassen. Somit war mein Vorhaben gleich
von zwei Seiten unterlaufen.

Auch wenn die Bereitschaft zur wissenschaftlichen Kontroverse innerhalb des universitären Establishments augen-
blicklich vielleicht wieder zu wachsen beginnt und Gesell-
schaftsentwürfe auch MARXscher Provenienz im Zusammenhang
mit den zeitgeschichtlich und philosophisch inspirierten
Besprechungen der 'Moderne' auf gutem Niveau erneut diskutiert werden, behält die folgende Frage ihre Gültigkeit:
Welchem Zweck dient eine Dissertation ohne Diskussions-
partner[*] und mit geringsten Chancen auf eine wissenschaftliche Anstellung?

[*] Der mir vertraute Betreuer meiner Doktorarbeit, Peter
R.STRAUMANN, starb 39-jährig im April 1980

Die Hoffnung auf bessere Zeiten setzt den Glauben an eine fixe Gestalt der eigenen Person voraus, die das politische und wissenschaftliche Konjunkturtief überwintert. Ein solches Durchhalten kann nicht aus dem Dilemma führen, auch wenn es sich, als 'Identitätskrise' besprochen, auf der Höhe der Zeit wähnt.

Neben fest programmierten Zügen des Sozialcharakters, wie 'eine Sache zu Ende führen', bleibt als wichtiger Grund die <u>Selbstaufklärung</u>. Überhaupt nicht im Sinne einer rücksichtslosen Suche nach 'der Wahrheit', die in ein energisches Besserwissen mündet. Selbstreflexion, verstanden als ein Schärfen des Wachseins, des Zuhörens, des Lesens, betrachte ich als ein ad hoc gewinnbringendes Bemühen.
Sensibilität und Widerstandfähigkeit gegenüber idealistischem Schwindel und der stiernackigen Macht der Verhältnisse kann nicht der Einbildung unterliegen, ausscheren zu können aus der gegenwärtigen Systematik der gesellschaftlichen Lebensformen. Diese zu praktizieren heißt nicht, sich an sie zu gewöhnen.

Die tradierte Form der Abfassung einer sozialwissenschaftlichen Dissertation dient eher dem karriereorientierten Pragmatismus eines Einzelkämpfers als der Selbstbesinnung und der Synthesis wissenschaftlich angeleiteter Bewußtwerdung. Nur schwer ist dem Verdacht zu entkommen, daß hier die Form den Inhalt schädigt.
Gleich welche Bedeutung der Einzelne der wissenschaftlichen und theoretischen Praxis beimessen mag, eine mögliche Grenze für diese gesellschaftliche Tätigkeit ist das unabdingbare Muß zur einkommensfähigen Arbeit. Das heißt, ist diese Praxis nicht in einem existenzsichernden Ausmaß einkommensfähig, muß sie ins Glied zurücktreten.

Meine Praxis als Bierzapfer, Bildungsplaner und Liegewagenschaffner hat mich bestärkt in dem Bedürfnis und der Lust des 'zweiten Blicks', des Nachforschens und der systematischen Reflexion. Allein der existenznotwendige Umfang der Gelderwerbstätigkeit und ihrer 'psychohygienischen' Ausbalancierung zeigt die gesellschaftlichen Grenzen für jede Art der Bewußtwerdung, die sich nicht ohne weiteres verwerten oder verwenden läßt.

0 Zur erziehungswissenschaftlichen Diskussion von Gesellschaft

Betrachtet man die einschlägige Literatur, so sieht sich die Erziehungstheorie gegen Ende der 60er Jahre vor eine gänzlich neue Situation gestellt. Das, was im nachhinein als "realistische Wendung" der Bildungstheorie bezeichnet wurde, ist zunächst nur Reaktion auf neue Anforderungen und Anpassungsprobleme gesellschaftlicher Art, mit denen sich die wissenschaftliche Pädagogik konfrontiert sieht. Drei "Grundphänomene", die sich nicht mehr in den erziehungsphilosophischen Bildungsbegriff der geisteswissenschaftlichen Tradition integrieren lassen, bilden den Anlaß für neue Überlegungen:
- "Der Prozeß der sich beschleunigenden Veränderung,
- der Prozeß der Verwissenschaftlichung,
- der Prozeß der zunehmenden Vergesellschaftung".[1]

Hinter dieser vagen Benennung verbirgt sich die Beobachtung eines Wandels von beruflichen Tätigkeiten und ihnen entsprechenden Kenntnissen ebenso wie eine Zunahme technisch industrieller Innovationen. Der Vormarsch sozialwissenschaftlicher Theorien zu Lasten alltagspraktischer Lebensphilosophien wird von den Wissenschaften selbst mit dem wachsenden Kompliziertheitsgrad der Lebensverhältnisse begründet.
Die zunehmende Verknüpfung bisher getrennt gedachter Lebensbereiche wie Familie, Schule und Beruf läßt keine "Theorie der Bildungsanstalt" mehr zu, die auf die Frage nach pädagogischen Bedingtheiten und gesellschaftlichen Verflechtungen keine Antwort zu geben weiß.

---

[1] Vgl. H.v.HENTIG, 1969

Diese als Phänomen "Vergesellschaftung" bezeichnete zunehmende Vernetzung disparater Lebensbereiche stimuliert die Motivation einer wissenschaftlichen Pädagogik, sich vermehrt mit Verhältnissen und sozialen Beziehungen in gesellschaftsanalytischer Absicht zu befassen.

Zunächst verdeutlichen die Bemühungen der Erziehungswissenschaften allerdings nur das Problem, den Anschluß an die von Bildungsökonomie und Bildungsplanung beherrschte politische Diskussion zu gewinnen. Die Orientierung am ökonomischen und gesellschaftlichen Bedarf schlägt sich in der Erziehungstheorie zuerst semantisch nieder. Aus Bildung wird Lernen und Leistung, später Sozialisation und Qualifikation.

Da das überkommene Bildungsprogramm keine Kriterien mehr abgibt für pädagogische Ziele, offenbart sich ein Begründungsdilemma der Erziehungstheorie. Ihr neuer Realismus entzieht ihr die Möglichkeit, mittels eines philosophischen Idealismus gewissermaßen von 'außerhalb' Stellung zu beziehen. Aber ein Standpunkt innerhalb ist nicht in (pädagogischer) Sicht. Weshalb sie sich zunächst mit dem Hinweis auf Tendenzen und Gefahren, z.B. übermäßiger beruflicher Spezialisierung, begnügen muß. Beweiskräftige Aussagen über die Bestimmung des Menschen und der Gesellschaft werden explizit nicht gemacht. Die pädagogischen Erwartungen verbinden sich jedoch eng mit der politischen Forderung nach Chancengleichheit. Die Werte der parlamentarischen Demokratie mit ihrer liberalen Verfassung werden mehr und mehr zum Bezugspunkt einer skeptisch gewordenen Pädagogik, die sich davon Chancen auf eine umfassendere Humanisierung und Emanzipation der Lebensverhältnisse ausrechnet.

Die Wandlung der Pädagogik zu einer Erziehungswissenschaft mit erkenntniswissenschaftlichen Anspruch beförderte ihre

Öffnung gegenüber Ergebnissen der Nachbardisziplinen, vor allem der Soziologie und der Psychologie. Dies geschieht als Reaktion sowohl auf ein Defizit hinsichtlich empirischer Konzepte und Methoden als auch auf den Mangel an einer erkenntnistheoretischen und gesellschaftstheoretischen Fundierung erziehungswissenschaftlicher Erklärung von Realität. Die Rezeption des Kenntnisstandes und der wissenschaftlichen Kontroversen anderer Sozialwissenschaften läßt sich als eine Phase der Imitation charakterisieren, welche im Falle der Soziologie auch prompt die Frontstellung zwischen Kritischem Rationalismus und Kritischer Theorie nachvollzog.

Diese Kontroverse zwischen einer erfahrungswissenschaftlich operierenden und einer gesellschaftsanalytisch motivierten pädagogischen Wissenschaft prägte die wissenschaftliche Diskussion in der ersten Hälfte der 70er Jahre. Am Ende dieser 'Aufarbeitungsphase' war jedoch ein haltbares Methoden- und Theoriegerüst noch nicht in Sicht. Die bemühten Abgrenzungsversuche gegenüber anderen sozialwissenschaftlichen Disziplinen verstärken zusammen mit einer Ratlosigkeit über die einzuschlagende Forschungsrichtung diesen Eindruck nur noch.

Diese Stelle bezeichnet den Einsatzpunkt für das erste Kapitel. Läßt die stilisierte Theoriegeschichte zunächst an ein zeitliches Problem der Ausreifung dieser Theorie denken, so wird mit Blick auf die Diskussionen Anfang der 80er Jahre die latente Virulenz einer grundbegrifflichen Krise der Erziehungstheorie offenbar.

Die wissenschaftliche Neugierde muß sich denn auch auf den kategorialen Rahmen für erziehungswissenschaftliche Untersuchungen richten. Seine Qualität wird letztlich über die Selbstbehauptung der pädagogischen Problemdefinition

entscheiden, die sich mit einer interdisziplinären Behandlung erzieherischer Sachverhalte konfrontiert sieht. Eine bloße Rezeption von empirischen Methoden kann diese Selbstbehauptung nicht erzeugen, eine Methodenkritik an der empirischen Sozialforschung ist dafür nicht hinreichend.
Aufgrund der damit gegebenen Chance einer Neudefinition pädagogischer Eigenständigkeit und nicht nur wegen einer politischen Reformkonjunktur gewann die sich selbst 'Kritische Erziehungswissenschaft' oder 'emanzipatorische Pädagogik' nennende Denkrichtung Ende der 6oer Jahre zunehmend an Attraktivität.

Ihre Anlehnung an die Kritische Theorie der 'Frankfurter Schule' verbindet sie mit dem Anspruch einer Konsolidierung der pädagogischen Problemfassung mit Hilfe gesellschaftstheoretischer Erkenntnisse. Das Generalthema lautet jetzt 'Erziehung und Gesellschaft' und bedeutet theoriegeschichtlich einen exponierten Schritt in die für erziehungstheoretische Bemühungen bis dahin dünne Luft rationaler, gesellschaftstheoretischer Begründung.

Der Begriff Gesellschaft wird jedoch verschieden aufgefaßt und in unterschiedlichen Theorien ausgedrückt. Die beabsichtigte Überprüfung der Erziehungstheorie kann sich deswegen nicht ohne weiteres auf die Gültigkeit einer bestimmten Gesellschaftsanalyse verlassen. Sonst bliebe nur die Prüfung der richtigen Rezeption durch die Erziehungswissenschaft. Die ins Auge gefaßte Aufgabenstellung einer Analyse der grundbegrifflichen Selbstvergewisserung von Erziehungstheorie und der Erarbeitung eines eigenen Beitrags zur gesellschaftstheoretischen Begründung von Erziehung und Ausbildung macht eine dritte Anstrengung nötig: Die (erkenntnis)theoretische Verankerung des eigenen gesellschaftsanalytischen Fragens.

Angesichts dieser Aufgabenkonstellation stellen sich für das folgende wissenschaftliche Unternehmen einleitend drei Fragen: Auf welche Weise gelingt der Kritischen Erziehungswissenschaft eine Darstellung ihrer Gegenstände und Forschungsprobleme im Rahmen einer Theorie der Gesellschaft (I)? Welche konstruktiven, inhaltlichen Notwendigkeiten ergeben sich für eine Theorie der Gesellschaft (II)? Welche Konsequenzen hat eine systematisch gesellschaftsanalytische Sicht für erziehungstheoretische Aussagen (III)?

Zu I Die Bemühungen der emanzipatorischen Erziehungstheorie kreisen um die gesellschaftlichen Bedingungen, die eine freie Entfaltung von Individualität verhindern. Der besseren Erziehung werden in Hinsicht auf den Subjektivität einschränkenden gesellschaftlichen Rahmen Kompensationsmöglichkeiten zugerechnet. Innerhalb einer funktionalen Beziehung zwischen Erziehungssystem und Gesellschaftssystem gewinnt die erzieherische Interaktion gegenüber der Gesellschaft eine innovative Eigendynamik. Entgegen dem Anschein dieser systemtheoretischen Formulierung beziehen sich die Überlegungen der Kritischen Erziehungswissenschaft jedoch immer auf spezifische Charakterzüge der gesellschaftlichen Wirklichkeit: Die Deformation der wahren menschlichen Bedürfnisse und Interessen aufgrund ihrer gesellschaftlichen Ausbeutung, die Steuerung und Manipulation von Bedürfnissen durch Produzenteninteressen angesichts dem objektiv Möglichen der wissenschaftlich-technischen Entwicklung.

Dies ist die Dimension der Kritik an dieser Gesellschaft. Sie bewegt sich innerhalb der theoretischen Grundfeste der Kritischen Theorie, für die sich eine immanente gesellschaftliche Widersprüchlichkeit kombiniert mit einer gleichzeitigen Stabilität der sozialen Ordnung. Das funktionale Problem der erziehungswissenschaftlichen Gesellschaftsauffassung besteht darin, daß der Produktionsprozeß Probleme erzeugt, die ökonomisch nicht gelöst werden können und deswegen dem Staat als politische Aufgabe zugeschanzt werden. Das Augenmerk richtet sich auf eine Bildungspolitik, von der erwartet wird, daß sie entgegen 'ökonomischer Sachzwänge' eine Intervention zugunsten emanzipatorischer Erziehungsinhalte ermöglicht.

Diese Gegenüberstellung von ökonomischer und politischer Regulierung sozialer Verhältnisse hatte im Verein mit staatsinterventionistischen Überlegungen bis Mitte der 70er Jahre eine ausgesprochene Hochkonjunktur in soziologischen und politikwissenschaftlichen Veröffentlichungen. Eine Untersuchung der spezifisch erziehungswissenschaftlichen Sichtweise von Gesellschaft soll Auskunft darüber geben, wie die emanzipatorische Pädagogik sich selbst und ihre Forschungsprobleme definiert.

Die Auswahl von wissenschaftlichen Problemen und die Entscheidung über Gültigkeitsbereiche von Theorie, besitzt aber nicht nur einen wissenschaftstheoretischen Stellenwert. Die Unabhängigkeit der theoretischen Praxis von anderen gesellschaftlichen Tätigkeiten wäre nur im Sinne des bekannten Elfenbeinturms vorstellbar. Ein mögliches Befangensein der Erziehungstheorie aufgrund von Vorgaben der gesellschaftlichen Lebensverhältnisse gilt es deswegen zu bedenken, wenn Aussagen über ihre Erkenntnis- und Leistungsfähigkeit gemacht werden sollen.

Für den Argumentationsgang bedeutet das zunächst, und dies betrifft das erste Kapitel, das Selbstverständnis der kritisch-emanzipatorischen Erziehungstheorie darzustellen. Die angestrebte Darstellung unterliegt in einem Punkt einer formalen Einschränkung: Sie soll sich auf die grundbegrifflichen Formulierungen konzentrieren. Eine inhaltliche Akzentuierung der Darstellung geschieht dort, wo theoretische Schwierigkeiten und Engpässe dem Selbstverständnis als zufällig oder überwindbar gelten, diese in meiner Untersuchung aber als systematisch bedingte herausgearbeitet werden. In diesem Punkt ist es von Bedeutung, nicht zur Geisel eines Selbstverständnisses zu werden, das die eigenen Probleme in ihren Dimensionen zuweilen nur verzerrt wiedergibt.

Die rein formallogische Überprüfung der systematischen Zusammenhänge stößt wiederholt auf zirkuläre Erklärungen, die sich im Kern auf eine gegenseitige Instrumentalisierung der Begriffe Individuum und Gesellschaft zurückführen lassen. Die inhaltlichen Privilegien des Begriffes Individuum verweisen darüber hinaus auf den Skandal, daß die pädagogisch angestrebte Emanzipation von restringierenden sozialen Verhältnissen der Existenz derselben Verhältnisse förderlich sein muß. Eine methodenkritisch motivierte Skepsis ist bald an dem Punkt angelangt, der die prinzipiellen Konstrukte der kritischen Erziehungstheorie in Frage zu stellen beginnt. Munitioniert von anthropologiekritischen und mit dem Namen 'Strukturalismus' verbundenen Theorien ist es nun Aufgabe der Argumentation, 'Spuren' zu folgen, die das erziehungstheoretische Material offenbart hat, aber augenscheinlich selbst nicht in einen systematischen Zusammenhang stellen kann.

Das Terrain der Untersuchungen gleicht jetzt einem doppelten Boden: Die pädagogische Gesellschaftstheorie repräsentiert eine Oberseite, deren Risse und Aufbrüche dem skeptischen Auge Blicke auf eine tieferliegende, anders strukturierte Unterseite ermöglichen. Die Verbindung zwischen beiden stellt sich als nicht-zufällige dar. Die Risse und Spannungen der Oberseite müssen als notwendige akzeptiert werden. Verzerrungen der Oberfläche erscheinen zuweilen als kontrafaktisches Bild einer

Unterwelt von nicht gewußten gesellschaftlichen Beziehungen.
Die systematischen Unzulänglichkeiten der pädagogischen Gesellschaftstheorie auf dem Hintergrund der sozialen Verhältnisse zu erklären, dies ist der Anspruch für den weiteren Argumentationsgang. Das setzt eigenes Wissen über diese Sozietät voraus, was zur zweiten Eingangsfrage nach erkenntnistheoretischen und inhaltlichen Leitlinien einer beweiskräftigen Gesellschaftsanalyse führt.

Zu II   Akzeptiert man das Bild vom doppelten Boden gesellschaftlicher Wirklichkeit, so zieht das die Notwendigkeit nach sich, das Wissen(-können) von sozialen Verhältnissen selbst gesellschaftstheoretisch erklären zu müssen. Dadurch werden apriorische und selbstkonstitutive Theoriekonstruktionen, die in der emanzipatorischen Erziehungstheorie wichtige Stellen einnehmen, ausgeschlossen. - Über die Gültigkeit von Idealen kann nur moralisch oder politisch entschieden werden, ihre Existenz aber muß substantiell greifbare und wissenschaftlich beweisbare Gründe haben. So lautet das Essential für den weiteren Argumentationsgang.

Das kritisch-emanzipatorische Verständnis von Gesellschaft, das an Aufklärung, Humanismus und bürgerlich radikales Denken anknüpft, kann deswegen nicht nur unlogisch oder nur falsch sein, sondern muß als Hinweis auf den materialen doppelten Boden bewertet werden.

Daß gerade die MARXsche Gesellschaftsanalyse als Instrument für eine Dechiffrierung der anonymen Unterlage benutzt wird, hat Gründe.
Zunächst wäre es wohl vermessen, angesichts der unterschiedlichsten Marx-Rezeptionen von der MARXschen Ge-

sellschaftstheorie zu sprechen.[1]
Die von mir gewählte Lesart bezieht sich in wichtigen Punkten auf die Vorträge von L.ALTHUSSER, der die das Terrain beherrschenden "anonymen Strukturen" mit dem identifiziert, was sich nach K.MARX "hinter dem Rücken" der gesellschaftlichen Agenten manifestiert. Keine Vernünftigkeit oder Mündigkeit bewahrt demnach die Menschen vor Erfahrungen, die sich als fatale Folgen ihres eigenen Handelns darstellen, aber als solche nicht erkannt werden. Die Erforschung der Ur-Sachen mit den bekannten Folgen in einen systematischen Zusammenhang zu bringen, ist hier wie dort der Anspruch.

Die Möglichkeit, des doppelten Bodens wissenschaftlich habhaft zu werden, ist als eine allen verfügbare zu begreifen und prinzipiell nicht auf den Geniestreich eines einzelnen Wissenschaftlers zurückzuführen: Erst ab einem bestimmten historischen Zeitpunkt ist es gesellschaftlich möglich, soziale Verhältnisse anders als auf religiöse oder philosophische Weise zu erklären. Wie sehr auch manche Schriften von K.MARX von spekulativen Zügen durchwoben sind, beweist der Blick auf die Texte des 'jungen MARX', dessen eigentlich wissenschaftliche Gesellschaftstheorie nach Aussage von F.ENGELS zum ersten Mal in den 1845 verfaßten 'Thesen über Feuerbach' ansatzweise sichtbar wurde.[2]

---

[1] Die im März 1983 in den Medien grassierenden Repliken zum 100. Todestag von KARL MARX zielten nahezu ausschließlich auf den Politiker MARX. Eine beängstigende Systemkongruenz von Ost und West präsentierte den politischen Philosophen und Propheten, selbstverständlich in unterschiedlichem Gewande, - entweder als Buhmann eines Weltübels oder als heldenhaften Lehrer der Revolution, je nach Farbe der eigenen Fahne. Mit unterschiedlichen MARX-Rezeptionen meine ich dagegen solche mit strikt wissenschaftlichem Charakter, die die 'Kritik der Politischen Ökonomie' als wissenschaftliche Gesellschaftsanalyse begreifen und nicht als Glaubensbekenntnis mit Anleitung zu politischem Handeln mißverstehen.

[2] Vgl. F.ENGELS in MEW 21, S.259 ff. ; (Alle Textstellen von K.MARX und F.ENGELS werden nach den im DIETZ-Verlag erschienenen 'MARX-ENGELS-WERKE' (MEW) zitiert. Die angegebene Ziffer bezieht sich auf die Nummer des Bandes)

Obwohl z.B. die Entfremdungstheorie der 'ökonomisch-philosophischen Manuskripte' pointierte Einblicke in das Innenleben der bürgerlichen Gesellschaft ermöglicht, unterliegt sie einer philosophischen Betrachtungsweise vom menschlichen Wesen als abstrakter Individualität.
Alle Schriften vor den Feuerbach-Thesen leiden unter dem Schwindelgefühl der spekulativen Begründung menschlichen Daseins. Erst vom philosophischen Kopf auf die Beine der wissenschaftlichen Ökonomie und ihrer Geschichten gestellt, gewinnen die MARXschen Untersuchungen jene Fundierung, die den großen Wurf der im 'Kapital' zusammengefaßten Gesellschaftsanalyse ermöglicht.

Auch wenn MARX selbst nicht auf den Gedanken kam, seine lebenszeitlich verfaßten Texte durch ein methodenkritisches Testament zu bereichern, ist der Einschnitt der 'Thesen über Feuerbach' nicht zu übersehen.[1] Philosophisch spekulative wie biologisch objektivierende und soziologisch integrierende Gesellschaftsbetrachtungen sind hiervon betroffen. MARX bezeichnet im nachhinein den in der 'Deutschen Ideologie' vollzogenen Einschnitt als einen Versuch, "mit unsrem ehemaligen philosophischen Gewissen abzurechnen"(MEW 13,10).

In meiner Darstellung des MARXschen Gedankenganges wird der analytisch orientierte Gegenstandswechsel am Beispiel der Begriffe 'menschliches Wesen' und 'gesellschaftliche Verhältnisse' hervorgehoben. Diese Schwerpunktsetzung verdankt sich der erziehungstheoretischen Relevanz der Auffassung eines naturhaften Wesens des Menschen. Sie ist verbunden mit der Perspektive einer wissenschaftlichen Präzisierung, die verspricht, die beschriebene Doppelbö-

---

[1] Methodologie und Gesellschaftsanalyse werden in den MARXschen Texten nicht getrennt dargestellt. Nur an wenigen Stellen gibt es gesonderte Ausführungen zur Forschungs- und Darstellungsweise.

digkeit in ihre systematische Erklärung aufzunehmen.

Der doppelte Boden entsteht dort, wo der Zwang zur selbstzweckhaften Produktion die Eigengesetzlichkeit ökonomischer Verhältnisse als Herrschaft über alle Gesellschaftsmitglieder hervortreibt und ständig reproduziert. Als Ergebnis menschlichen Tuns ist diese "Herrschaft des Kapitals" als soziales Verhältnis nicht mehr im Selbstverständnis der Menschen enthalten, sondern wird als namenloser alltäglicher Imperativ zum unterschwelligen, eigentlichen Fundament menschlichen Handelns und Denkens.

Die Menschen werden zu Agenten dieser je namenloser, desto bestimmenderen Macht spezifischer Verhältnisse. Gezwungenermaßen, aber nicht gewußt, Funktionäre dieser sozialen Ordnung, unterliegen sie in ihrer gesellschaftlichen Mehrheit einer Spezialisierung ihrer produktiven und konsumtiven Fähigkeiten und Bedürfnisse, die gewaltige Abstraktionsleistungen von jedem einzelnen erfordert. Treibt sie die Not der Existenz zu einem Leben gemäß den Erfordernissen der ökonomischen Produktionsmaschine und sie stützender sozialer Verhältnisse, so bedarf es, aus dem Blickwinkel der anonymen Herrschaft und ihrer namhaften Verwalter gesehen, begleitender Maßnahmen, die eine solche Funktionalität des einzelnen gewährleisten können. Als ein Teil dieser Maßnahmen müssen Erziehungsprozesse jeglicher Art gelten. Damit komme ich zur dritten und letzten Eingangsfrage.

Zu III   Das Insistieren auf einer beweiskräftigen Analyse von Gesellschaft und die Ablehnung einer vorgängigen anthropologischen Bestimmung 'des Menschen' läßt, wie im Text weiter ausgeführt, die erziehungstheoretische Fragestellung an einem neuralgischen Punkt umkippen. Wie tief der damit verursachte Fall ist, läßt sich erst allmählich überblicken.

- Die pädagogisch religiöse Hoffnung auf einen Triumph der emanzipatorischen Vernunft ist desavouiert durch den Aufweis einer dominierenden kapitalistischen Ratio der Profitabilität als Selbstzweck.
- Wenn die Forderung nach mehr Gleichheit nur auf den tönernen Beinen einer Realität steht, deren Gerechtigkeitsempfinden sich auf die praktizierte formale Gleichheit der Warenbesitzer und juristischen Personen beruft, so ist diese Forderung von innen heraus ausgehöhlt.
- Wo die Mündigkeit des Subjekts auf die Freiheit der Warenbesitzer hinausläuft, über ihre Waren souverän zu verfügen, verliert sich das sphärische Schwingen des aufgeklärten Ethos im Scheppern der materiellen Welt.

Folgt man strikt der bisherigen gesellschaftsanalytischen Argumentation, und dies ist ungeachtet möglicher Fallen mein oberstes Ziel, so führt die gesellschaftstheoretisch gestellte Frage nach Erziehung zu einer doppelten Beantwortung: Qualifizierung als Spezialisierung zu verwend- und verwertbaren Arbeitskräften und Sozialisierung als Loyalisierung der Bürger. Im dritten Kapitel werden die Mechanismen eines derart funktional beschriebenen Erziehungs- und Ausbildungsprozesses mit den Begriffen 'Trennung' und 'Anpassung' gefaßt.

Die 'kritisch-emanzipatorische' Beschreibung von Erziehung verweist dagegen auf eine funktionalisierende und rationalisierende Bedeutung gesellschaftlich programmierter Erziehung und Ausbildung. Das Selbstverständnis dieser Theorie manifestiert sich als Abziehbild eines gesellschaftlichen Selbstimagos. Diese Feststellung stützt die These, daß Theoriegeschichte im Grunde eine Geschichte von Paradigmen ist, die im umfassenden Sinne nicht nur theoretische, sondern auch andere gesellschaftliche Tätigkeiten bestimmen.

Die gesellschaftstheoretische Relativierung der pädagogischen Attitüde erweist sich als resistent gegenüber politisch veranlagten Konjunkturen der wissenschaftlichen Debatte. Ein Blick auf die neuere erziehungstheoretische Diskussion mag dies verdeutlichen.

Die letzten Jahre markieren zweifellos die Zeit des Rückzugs einer in die Defensive geratenen Kritischen Erziehungswissenschaft. Dem neu belebten pädagogischen Ladenhüter der 'Moralerziehung', durch die neun Thesen des bildungspolitischen Forums "Mut zur Erziehung" 1978 in das öffentliche Bewußtsein gerückt, hatte die emanzipatorische Pädagogik wenig entgegenzusetzen. Ihre polemisch formulierten Antithesen erschöpften sich in der Entgegensetzung einer besseren Moral. Die Gelegenheit, eine Auseinandersetzung auf grundsätzlichem, gesellschaftstheoretischem Feld zu führen, wurde vergeben. Obwohl dies gemäß dem gestellten Anspruch die ureigenste Domäne dieser Erziehungstheorie sein sollte.[1]

Auch die Anzahl namhafter Fahnenflüchtiger schwächt sicherlich das Standvermögen der gesellschaftskritischen Erziehungswissenschaft: Bei K.MOLLENHAUER kommt das Wort Emanzipation nicht mehr vor; W.KLAFKI beschäftigt sich in seinen Veröffentlichungen wieder verstärkt mit der Problematik des Bildungsbegriffs; H.THIERSCH hingegen gehört zu jenen, die ohne jede Einschränkung am gesellschaftskritischen Anspruch festhalten. Er vergißt aber nicht, auf "Fehlentwicklungen der letzten Zeit" hinzuweisen, die es zu korrigieren gelte.[2]

Frontenwechsel und Selbstkritik sind Auswirkungen einer

---

[1] Die Entgegnungen zum Bonner Forum "Mut zur Erziehung" werden im ersten Kapitel zum Anlaß genommen, um den Stellenwert von politischer Moral in der emanzipatorischen Pädagogik zu bestimmen.

[2] Vgl. H.THIERSCH,1981; W.KLAFKI,1977; K.MOLLENHAUER,1977

Kontroverse um die gesellschaftliche Funktionalität von
Erziehung und Ausbildung, wie sie sich schon in der Diskussion um "Mut zur Erziehung" manifestierte. Diese Auseinandersetzung reproduziert aus aktuellem Anlaß die dualistische Problemdefinition von Individuum versus Gesellschaft besonders dort,wo sie "Vermittlungsschwierigkeiten" zwischen beiden als Gefahr für gesellschaftliches Funktionieren thematisieren.

Für die Erklärung der "Sozialisationsverweigerung" der educandi, die ihre "Sinnentwürfe" in den an sie gestellten Anforderungen nicht mehr erkennen können, herrschen zwei Versionen vor: Die eine begründet dies mit dem Abbruch der Bildungsreform. In diesem Lager befindet sich die Kritische Erziehungswissenschaft. Die zweite Variante beklagt eine dramatisierende Überinterpretation der gesellschaftlichen Normalität durch "Reformeiferer", was zu nicht erfüllbaren Ansprüchen, zu Irritationen und Frustrationen geführt habe. Damit ist der konservative Pol der Kontroverse bezeichnet.
Beiden liegt an einer "Alltagswende" der Pädagogik, wenn auch aus unterschiedlichen Motiven. Die eine Seite möchte die aufgrund von "Professionalisierung" und "Institutionalisierung" entstandene Abgehobenheit der Reform wieder stärker an die Erfahrungen der Klientel zurückbinden. Die zweite Version verspricht sich von der "Wende zur Pragmatik" eine Beruhigung der Erziehungsfront im Zuge einer Anerkennung gegebener Verhältnisse und bewährter Traditionen. Die von beiden betonten ethisch-politischen Orientierungshilfen zielen auf einen educandus, dem - apathisch oder aufmüpfig - noch der 'rechte Sinn' zu fehlen scheint.

Hofft die Kritische Erziehungswissenschaft, ein positives Ergebnis ihrer Bemühungen durch Überzeugungsarbeit in freiwilliger Übereinkunft zu erreichen, indem sie auf die Wahrnehmung von politischen Rechten verweist, neigen ihre kon-

servativen Gegenspieler dazu, eine apriorische Anerkennungsleistung unter Betonung der Pflichterfüllung zu fordern. Daß die konservativ argumentierende Pädagogik in den letzten Jahren mehr Durchschlagskraft bewies, mag auch an den wechselnden Winden der politischen Opportunität liegen, die schon seit einiger Zeit emanzipatorischen Ansprüchen in das Gesicht blasen und drohen, aus einer der "Hauptströmungen" der Erziehungswissenschaft eine 'Nebenströmung' zu machen.
Das Gemeinsame der kontroversen Standpunkte ist aber mehr als die pädagogische Tradition, eine schlechte Erziehungspraxis im Namen einer Idee besserer Erziehung zu kritisieren. Es kostet keinen großen Aufwand der Beweisführung, die Gleichheit der paradigmatischen Konstruktionen in Hinsicht auf das 'Einzelwesen Mensch' und das 'Massenphänomen Gesellschaft' zu belegen. Der Unterschied liegt nicht im grundbegrifflichen Verständnis, sondern in den normativen Vorzeichen des jeweiligen Selbstverständnisses und der (bildungs-) politischen Absichten. An beiden Varianten ist darüber hinaus ein Rückzug auf eine alltägliche Forschungspraxis zu studieren, die nur noch den Details nachgeht. Gesellschaft ist lediglich in einem kursorischen Sinne Implikat von Analysen oder Bezugspunkt von wissenschaftlichen Kontroversen. Die Buchtitel im Umkreis von Partizipation, Effizienz und Demokratie liegen längst auf den Ramschtischen der Buchläden; ihnen scheint selbst der antiquarische Wert zu fehlen.

Starke Indizien, die im Fortgang der vorliegenden Untersuchung zunehmend zu Argumenten werden, lassen es gerechtfertigt erscheinen, den Mangel an gesellschaftstheoretischer Sehschärfe mit dem Defizit an analytischer Triftigkeit in Verbindung zu bringen. Wie ohne Schwierigkeit zu beobachten ist, stellt dies nicht nur ein Merkmal der erziehungstheoretischen Diskussion dar, sondern zieht sich auch quer durch zahlreiche Abhandlungen anderer sozialwissenschaftlicher Disziplinen. In diesem Sinne ließe sich behaupten, daß die Erziehungswissenschaften zur Zeit die Höhe des allgemeinen Diskussionsniveaus erreicht haben. Der allenthalben festzustellende Rückzug auf das "pädagogisch Eigentliche", auf Sinndeutung und falsch verstandenen Pragmatismus symbolisiert zweifellos ein neuerliches Sich-Entfernen von diesem bereits erreichten Stand.

Ungeachtet sonstiger Stärken und Schwächen gilt es demgegenüber an eine Kontinuität des grundsätzlich orientierten, gesellschaftstheoretischen Fragens anzuknüpfen, die ab Mitte der 70er Jahre in den meisten wissenschaftlichen Institutionen untragbar geworden ist.

1 Zum sozialen Gehalt der pädagogischen Problemstellung in erziehungswissenschaftlichen Theorien

Anlaß für eine grundsätzliche Überprüfung des sich in zeitgenössischen Erziehungstheorien artikulierenden pädagogischen Selbstverständnisses bietet ein als Krise bezeichneter Zustand, der sich bildungspolitisch in der Ambivalenz von enttäuschter Reformerwartung und "Mut zur Erziehung" ausdrückt. Beschäftigungsprobleme von Berufserziehern aufgrund einer Prioritätenänderung staatlicher Ausgabenpolitik erzeugten ein berufspolitisches Lamento von Pädagogen, das, zusammen mit der polemisch geführten bildungspolitischen Auseinandersetzung, droht, die Sackgasse zu übergehen, in welche die wissenschaftliche Diskussion geraten ist.

Die inzwischen schon glossierte Ratlosigkeit der Erziehungswissenschaftler[1] manifestiert sich in einer Rückwendung zur werthaften Sinngebung im pädagogisch hermeneutischen Sinne und in klassifizierenden Bestandsaufnahmen pädagogischer Theorien. Beide Lösungsversuche verzeichnen seit Mitte der 70er Jahre eine unerwartete Renaissance. Die große Anzahl wissenschaftsgeschichtlicher Texte kann als Versuch interpretiert werden, einem wie immer definierten Mangelzustand der Pädagogik durch Bezug auf historische Traditionen entgegenzutreten.[2] Ohne Zweifel läßt sich an diesen theoretischen Bemühungen ein Wunsch nach wissenschaftlicher Sicherheit ablesen, der in fixer Zuordnung divergierender pädagogischer Selbstverständnisse seine

---

1 Vgl. K.REUMANN, 1980
2 Vgl. u.a. Ch.WULF,1977; D.BENNER,1978; H.THIERSCH u.a.,1978; J.L.BLASS,1978; H.-J.GAMM,1979

Perspektive erblickt.

Wenn dem entgegen eine grundbegriffliche Selbstvergewisserung innerhalb der "Hauptströmungen der Erziehungswissenschaft"(D.BENNER) angestrebt ist, stellt sich die Frage, ob das erziehungswissenschaftliche Instrumentarium ausreicht, um der beklagten Krise Paroli bieten zu können oder ob die begonnene "Prinzipienforschung" (J.L.BLASS) noch tiefer in den Dschungel sich gegenseitig ausschliessender Erziehungstheorien führt.

Daß das 'pädagogische Establishment' starke Abwehrkräfte gegen jede weitere Verunsicherung mobilisiert, zeigt sich am Widerstand gegen anthropologiekritische und radikalpädagogische Konzepte.[1] Die beispielsweise bei R.SCHERER (1975) erfolgende Gleichsetzung von herkömmlicher Erziehung mit pädagogisierender Infantilisierung, Desexualisierung und Verleugnung der Wünsche trifft den Nerv eines Selbstverständnisses der Erziehungswissenschaft, das durch die Überzeugung geprägt ist, innerhalb des Möglichen 'das Gute' zu wollen.

Die leitende These der folgenden Ausführungen geht davon aus, daß die angedeuteten Schwierigkeiten der Pädagogik ihren Grund in einer tiefschwelenden Krise des Bildungsverständnisses haben. Die wiederholten Konjunkturen pädagogischer Problemlösungen werden als Indiz gewertet für eine theoretische Dauerkrise systematischer Art.

In das analytische Visier geraten nicht Symptome einer vorübergehenden Verunsicherung, sondern Ungereimtheiten

---

1 Vgl. dazu die Ausführungen unter Punkt 1.2.2

und Widersprüche der pädagogischen Paradigmen.[1] Damit soll dem Schematismus einer wechselseitigen Ursachenzuweisung zwischen Bildungspolitik und Erziehungstheorie, Wissenschaft und Schulpraxis, Kultusbürokratie und Lehrpersonal usf. ein Riegel vorgeschoben werden, ohne daß ein sozialer Zusammenhang zwischen politischer Konjunktur und wissenschaftlichen Zweifeln ausgeschlossen ist. Die Verortung der Problematik innerhalb des begrifflichen Kontexts negiert keineswegs, daß Zeiten des vermeintlichen oder tatsächlichen Scheiterns von Programmatiken besonderen Anlaß für neue Reflexionen bieten. Dies mag auch ein Beweggrund für die vorliegende Untersuchung sein.

Entgegen den wechselnden Formulierungen von Erziehungsproblemen kann die Analyse grundlegender Sichtweisen mit der Stabilität des paradigmatischen Gerüsts von Erziehungstheorie kalkulieren. Ein Indiz dafür ist die dauerhafte Aktualität von Erziehungsphilosophien der Aufklärung, deren Texte noch heute als grundlegend akzeptiert werden.

Als erster Schritt der Untersuchung folgt eine Darstellung erziehungstheoretischer Texte. Pädagogische Theorien kommen im Rahmen einer immanenten Darstellung selbst zu Wort. Eingegrenzt auf Theorien kritisch-emanzipatorischer Erziehungswissenschaft wird versucht, aus dem umfangreichen Textangebot die Grundzüge dieser Art von Pädagogik unabhängig von besonderen Varianten einzelner Autoren zu de-

---

[1] Der Begriff Paradigma bezieht sich im vorliegenden Text auf die Paradigmatheorie von T.S.KUHN (1976²). Mit Paradigma ist nicht nur ein theoretisches Vorverständnis gemeint, sondern die grundlegende Sichtweise bezüglich Zielen, Inhalten, Methoden, Instrumenten wissenschaftlicher Forschung, bezüglich des Verhältnisses zwischen forschendem Subjekt und erforschtem Objekt usf.; darüberhinaus, nicht exakt im KUHNschen Sinne, beinhaltet der Begriff, wie er hier verwendet wird, die Annahme einer einheitlichen Regulierung der theoretischen wie der politischen und institutionellen Problematik von Erziehung. Paradigma bestimmt so verstanden sowohl pädagogisches Denken wie erzieherisches Handeln und politische Intervention.

stillieren.

Entgegen der Ansicht, eine zusammenhängende Darstellung jener wissenschaftlichen Ansätze, die seit Ende der 60er Jahre in der Bundesrepublik durch das grobe Raster 'kritische und emanzipatorische Erziehungswissenschaft' erfaßt werden, sei aufgrund mangelnder theoretischer Übereinstimmungen zum Scheitern verurteilt (G.STEIN,1979,9), wird dieses Vorhaben im folgenden durchgeführt.

1.1 Das kritisch-emanzipatorische Programm der Befreiung des Individuums zu sich selbst

Der Kritischen Erziehungswissenschaft kommt ohne Zweifel das Verdienst zu, die Suche nach einem angemessenen Begriff der Erziehung und der Möglichkeit seiner Begründung im Rückgang auf soziale Kriterien aufgenommen zu haben. Kennzeichnend für diese Erziehungstheorie ist das Insistieren auf der Gesellschaftlichkeit von Erziehung und einer sie reflektierenden Theorie.

Gehört das "Verstehen" der geschichtlichen Situation noch zum Programm der 'hermeneutischen' oder 'geisteswissenschaftlichen' Pädagogik[1], beansprucht Kritische Erziehungswissenschaft für sich, den Gegenstand Gesellschaft oder gesellschaftliche Verhältnisse über eine prinzipiell billigende Deutung des Bestehenden hinaus selbst in den Mittelpunkt der Analyse zu stellen.
Als notwendig gilt ihr der Einbezug erziehungswissenschaft-

---

1 - Als deren namhafteste Vertreter W.DILTHEY, E.SPRANGER, W.FLITNER, H.NOHL und E.WENIGER gelten.

licher Methoden, die gesetzmäßige Aussagen über die empirische Realität zum Ziel haben, ohne die eine Sozialwissenschaft angesichts der bestehenden komplexen sozialen Strukturen keine Handlungskompetenz beanspruchen könne. Gegen die 'empirische' oder 'erfahrungswissenschaftliche' Pädagogik[1] gewandt, insistiert die emanzipatorische Erziehungswissenschaft jedoch auf dem Miteinbezug von erkenntnistheoretischen Überlegungen und wissenschaftlichen Zielsetzungen in die systematische Reflexion.

In kritischer Abgrenzung und produktiver Verbindung zur pädagogischen Hermeneutik und zur erfahrungswissenschaftlichen Position etabliert sich kritische Erziehungstheorie als eigenständiger Denkansatz mit dem Anspruch einer Überwindung der genannten Gegenpositionen.

Aufklärung über erziehungsbehindernde gesellschaftliche Mechanismen gilt ihr als Voraussetzung für das Praktischwerden emanzipatorischer Anstrengungen. Das Ausmaß an Mündigkeit bzw. Emanzipation aus Verhältnissen, die Mündigkeit und Rationalität beschränken, bildet die Elle zur Messung der Veränderungswürdigkeit vorliegender Erziehungspraxis. Dem entsprechend ist das Erkenntnisinteresse bestimmt: Theorie soll aufklären über empirische Befindlichkeiten, indem sie diese "ideologiekritisch" hinterfragt und damit gesellschaftliche Interessen und Herrschaftsverhältnisse zum Vorschein bringt.

Eine so verstandene Erziehungstheorie sieht ihre Aufgabe in einer wissenschaftlichen Kritik, die eine Veränderung gesellschaftlicher Bedingungen zugunsten von mehr Freiheit für das Individuum anstrebt. Mit dem ideengeschicht-

---

1 Vgl. dazu deren Protagonisten H.ROTH, W.BREZINKA, K.H.FLECHSIG und L.RÖSSNER

lichen Bezug auf das neuhumanistische Bildungsverständnis des 18. und 19. Jahrhunderts verbindet sie den Anspruch, die Kontinuität einer langen Tradition kritischer Erziehungsgedanken fortzusetzen.

In ihrem Selbstverständnis als eigenständige Disziplin integriert Kritische Erziehungswissenschaft auch Erkenntnisse anderer sozialwissenschaftlicher Fächer wie der Psychologie und der Soziologie. Indem Erkenntnisse von Nachbardisziplinen über die ausschließlich pädagogische Fragestellung eingeführt werden, beweist sich die Erziehungswissenschaft ihre exklusive Kompetenz in bezug auf "das Ganze" des pädagogischen Feldes. Ort und Funktion des Eingreifens anderer Fächer werden von der Pädagogik zugewiesen.[1]
Die so skizzierte emanzipatorische Programmatik soll im folgenden ausführlich dargestellt werden, indem einzelne Protagonisten möglichst oft zu Wort kommen. Auf diese Weise soll sich die Beschreibung einer Art von Selbstdarstellung der Kritischen Erziehungswissenschaft annähern.

1.1.1 Pädagogische Parteinahme für das unterdrückte Individuum

Der Hinweis auf "die gesellschaftliche Dienstbarkeit dessen, was als das 'Geistige' keinem anderen dienstbar sich dünkte" (H.BLANKERTZ,1966,63), gilt als der charakteristische Ausgangspunkt der gesellschaftskritischen Position innerhalb der Erziehungswissenschaft. Der kritische

---
[1] Vgl. W.KLAFKI,1976,S.34 f.

Gehalt dieser Theorie ist zunächst aus dem Unterschied zu geistes- und erfahrungswissenschaftlichen Verfahren zu erklären.
Zwischen den Extremen einer reinen Addition beider Verfahren einerseits (W.LEMPERT,1969) und einer negatorischen Kritik von hermeneutischer und empirischer Erziehungswissenschaft andererseits (H.-J.GAMM), lassen sich innerhalb des Spektrums der emanzipatorischen Theorie eine Vielzahl von Positionen unterscheiden. Die theoretischen Anleihen und grundbegrifflichen Bezüge aller Varianten sind jedoch derart ähnlich, daß sie über einen Leisten geschlagen werden können.
Das Verhältnis von emanzipatorischer Erziehungswissenschaft zu den mit ihr konkurrierenden Erziehungstheorien wird von Ch.WULF in programmatischer Manier wie folgt gefaßt: "In deutlicher Abgrenzung gegenüber der geisteswissenschaftlichen Pädagogik und der empirischen Erziehungswissenschaft versucht die kritische Erziehungstheorie das objektivistische Selbstmißverständnis dieser Theorien zu vermeiden, die nicht in der Lage sind, sich gegenüber dem gesellschaftlichen Entwicklungsstand der Erziehung kritisch zu verhalten. Ausgangspunkt für eine solche Abgrenzung ist die kritische Aufarbeitung des historisch-gesellschaftlichen Charakters der Erziehung" (ders.,1977,190).

Der Mangel geisteswissenschaftlicher Deutung von "Lebensverhältnissen des industriellen Zeitalters"(W.FLITNER) wird vornehmlich als theoretische Inkonsequenz oder "falsche Selbstbeschränkung"(W.KLAFKI) kritisiert. Der hermeneutische Zirkel einer pädagogischen Theorie der Praxis für die Praxis, innerhalb dessen der Wissenschaftler nur das erkennt, was er als "geschichtlich" selbst vorausgesetzt hat, verweist demnach zwar fortwährend auf die historisch-gesellschaftliche Bedingtheit von Forschern und Erforschtem, setzt sich die Erklärung gesellschaftlicher Bedingungen jedoch nicht zum Ziel.

Weist darüber hinaus das "Verstehen" geschichtlicher Tatsachen (Texte, Ereignisse) auf eine apriorische Anerkennungsleistung des "Gewordenen" hin, so kommt der Kritischen Erziehungswissenschaft gemäß ihrem Selbstverständnis die besondere Aufgabe zu, das historisch Gegebene zum Erkenntnisgegenstand zu machen, um die in der Hermeneutik suggerierte Harmonie einer kritischen Analyse zu unterziehen. Ihre Legitimation erhält diese Absicht durch das Anliegen, die jeweils nächste Generation auf das Leben vorzubereiten, aber nicht nahtlos anzupassen (H.v.HENTIG, 1969^2,71). Denn "solange Vernunft und Geschichte auseinanderklaffen" (H.J.HEYDORN,1970,317), kann sich die dem Bildungsgedanken immanente erzieherische Distanz zur Gesellschaft nur in der Kritik darstellen (H.BLANKERTZ, 1966,72).[1]

Steht in bezug auf die hermeneutische Pädagogik der Anschein einer Harmonie zwischen individueller Freiheit und gesellschaftlichen Ansprüchen im Kreuzfeuer der emanzipatorischen Kritik, so zieht der empirisch analytische Ansatz hauptsächlich den Vorwurf einer fundamentalen Befangenheit aufgrund mangelnder Reflexion gesellschaftlicher Vorgaben auf sich.
Die Kritik der kritischen Erziehungstheorie wendet sich gegen den Anspruch jeder rein technologisch verstandenen erfahrungswissenschaftlichen Position, auf der Basis "wertfreier Information über die Wirklichkeit" die Bedingungen für das Erreichen von vorgegebenen Erziehungszielen zu erforschen (W.BREZINKA). Diese im Namen der Einheitswissenschaft von natur- und sozialwissenschaftli-

---

[1] Von diesem Gedanken beherrscht ist beispielsweise die Forderung nach einer permanenten Curriculumrevision, wie sie Anfang der 70er Jahre vor allem von S.B.ROBINSOHN vertreten wurde.

chem Erkennen verkündete Verbannung der Reflexion über
Normen und Ziele des Erkennens in den außerwissenschaft-
lichen, "weltanschaulichen" Bereich provoziere demnach
geradezu eine Instrumentalisierung der Wissenschaft durch
externe Zwecke. "Die Analyse von Erziehungsproblemen mit
der einseitigen Absicht auf Sicherstellung der Effekte"
(N.LUHMANN/K.E.SCHORR)[1] bedeute außerdem eine unzulässige
Problemreduktion. Erst der Einbezug von erkenntnistheoretischen Annahmen und gesellschaftlichen Zwecken in den
Forschungsprozeß erlaube eine rationale Prüfung und eine
Immunisierung gegenüber der mißbräuchlichen Verwendung
wissenschaftlicher Resultate.

Maßgebend für die Verhinderung eines Mißbrauchs theoretischer Erkenntnisse ist der emanzipatorischen Theorie eine
Ausweitung des Erkenntnisinteresses "über die erfahrungswissenschaftlich gewissen Detailsätze hinaus auf das an-
tizipierte Ganze" mit dem Ziel einer "Befreiung des Menschen von den Zwängen der Natur und überflüssiger gesellschaftlicher Herrschaft" (H.BLANKERTZ,1974,21).
Da der Gegenstand einer derartigen Erziehungstheorie "durch
die dem Anspruch nach rational miteinander kommunizierenden
Erziehungssubjekte" bestimmt ist (K.MOLLENHAUER,1977[7],14),
ist angesichts der vorfindlichen "schlechten Realität"
eine Parteinahme der Wissenschaft gefordert für die "Befreiung der Subjekte (...) aus Bedingungen, die ihre Rationalität und das mit ihr verbundene gesellschaftliche
Handeln beschränken"(ebd.,11). Das "pädagogische Prinzip
Parteilichkeit" (H.J.GAMM) wird auch als das "bildungs-
immanente Interesse" an der "Befreiung des Menschen zu
sich selbst" (H.BLANKERTZ) definiert.

---

[1] Vgl. dies.,1979, S.11; daß LUHMANN/SCHORR sich kritisch gegen die erfahrungswissenschaftliche Pädagogik wenden, soll nicht heißen, daß sie Sympathien für die Kritische Erziehungswissenschaft aufbrächten. Hingegen kritisieren sie die unzulängliche gesellschaftstheoretische Grundlegung der emanzipatorischen Pädagogik (vgl. ebd.,S.19).

Der pädagogischen Aufgabe einer "Verbesserung der gegebenen Praxis" kommt eine herausragende Bedeutung zu, da die "gelingende Erziehungspraxis eine Voraussetzung für die Entwicklung der Menschengattung" sei (Ch.WULF,1977, 149).

Ist der Blick derart auf das "Gesamtgefüge erzieherischer Einwirkungen" gerichtet, gilt es, über die "pädagogisch relevante Wirklichkeit" aufzuklären, d.h. "zu zeigen, wie das erziehungsbedürftige Wesen Mensch humanisiert wird" (H.-J.GAMM,1979,13). Die Kritik an konkurrierenden Pädagogiken mündet in den "Hinweis auf gesellschaftliche Bedingungen" (K.MOLLENHAUER), welche Bildung und Rationalität bisher meist gar nicht zuließen oder doch erheblich beschränkten (H.BLANKERTZ,1974a,68).

Charakteristisch ist ein eigentümliches Wechselverhältnis zwischen Bildung und Gesellschaft: "Immer ist Erziehung einerseits Ursache, andererseits Bewirktes, immer Bedingung und Bedingtes" (G.M.RÜCKRIEM,1970,259).[1]
Die Aufklärung über Erziehungspraxis bedeutet für die emanzipatorische Erziehungstheorie notwendigerweise eine Analyse von gesellschaftlichen Bedingungen und ihren Konsequenzen für pädagogisches Handeln. Der Hinweis auf "politische und ökonomische Grundstrukturen", die auf Erziehung und Bildung beschränkenden Einfluß ausüben, wird für pädagogische Untersuchungen jedweder Art zur Pflicht. Allein dieser aufklärende Hinweis kann demgemäß die Schranken von Bildung zwar nicht gänzlich beseitigen, bedeutet aber doch eine Relativierung unerwünschter gesellschaftlicher Einwirkung.[2]

---

1 Vgl. auch Ch.WULF, 1977, S.190

2 Mit dieser Stelle ist der Ansatzpunkt für politische Bildungsreformen markiert, die, dem "natürlichen politischen Anspruch" der wissenschaftlichen Pädagogik entsprechend, als eine Art Fortführung pädagogischer Maßnahmen mit anderen Mitteln verstanden werden.

Gesellschaftliche Verhältnisse und "fundamental naturwüchsige Bedürfnisse des Menschen" müßten dieser Auffassung nach nicht im Widerspruch zueinander stehen. Die Regulierung von Bedürfnissen durch "spezifische Formen von Arbeit und Herrschaft" (M.R.VOGEL,1970,32) ziehe jedoch immer herrschaftsbedingte Hemmnisse menschlicher Selbstentfaltung nach sich, die sich z.B. in der starren Form eines undurchlässigen und hierarchischen Bildungswesens äußern.

"Wie man die Selbstbestimmung gegen die Systemzwänge (...) durchsetzt" (H.v.HENTIG,1969,74), wird zur Aufgabe einer kritischen Pädagogik, die sich darin nicht chancenlos sieht. Denn "die Herrschaft unterliegt dem Zwang, Bildung ununterbrochen vermehren zu müssen, um sich selbst zu erhalten" und muß damit gleichfalls "Rationalität erratisch ausstreuen" (H.J.HEYDORN,1970,317).[1] Der Emanzipation gehört die Zukunft!
Der Kritischen Erziehungswissenschaft eröffnet sich angesichts der gesellschaftlichen Widersprüchlichkeit zwischen Vernunft und politischer Herrschaft die Perspektive einer "praktischen Verbesserung", indem sie Aufklärung betreibt, die Rationalität fördert.[2]

---

[1] "Die Welt der technisch-wissenschaftlichen Zivilisation verlangt eine gründliche, hinsichtlich der Zeitdauer immer länger werdende Ausbildung" (H.BLANKERTZ,1966, S.73).

[2] Vgl. H.-J.GAMM,1979, S.22

1.1.2 Kritische Erkenntnis und praktische Verbesserung

Die Substanz der Kritik der erziehungswissenschaftlichen Theorien mit emanzipatorischem Anspruch ist in der "vernunftparteilichen Aufklärung" (D.-J.LÖWISCH) mit der Absicht einer "praktischen Veränderung" bestehender Gegebenheiten enthalten. Die Differenz zwischen Aufklärung und Veränderung ist ein in allen pädagogischen Theorien diskutiertes Problem, das meist als Verhältnis von Erziehungswissenschaft und Erziehungswirklichkeit formuliert ist.[1]

In der Kritischen Erziehungswissenschaft ist dieses Verhältnis als besondere Wechselbeziehung zwischen Theorie und Praxis definiert: Erziehungswissenschaft untersucht mit praktischen Maßnahmen verbundene gewußte und ungewußte pädagogische Absichten. In diesem Sinne nennt sie sich "Theorie einer Praxis". Wissenschaftliche Erkenntnis macht "Wirkungsmöglichkeiten" pädagogischer Prozesse sichtbar und ist auf diese Weise von hohem Wert für jede "pädagogische Praxis".[2] Ein "Primat der Praxis" ist dadurch gegeben, daß Erziehungsziele und pädagogische Verantwortung an ihrer Realisierung in der 'Praxis' gemessen werden.[3]

Derart ist Praxis als Anwendung von Theorie auf Erziehungswirklichkeit bestimmt und die Möglichkeit der korrektiven Einflußnahme wissenschaftlicher Erkenntnis gesichert; die Verwirklichung vernünftiger Verhältnisse kann trotz unvernünftiger Wirklichkeit auf die Tagesordnung gesetzt werden.

---

[1] Vgl. u.a. den gleichnamigen Sammelband, herausgegeben von H.RÖHRS,1964

[2] Vgl. D.ULICH,1972, S.52

[3] Vgl. W.KLAFKI,1969/71, S.98 ff.

Die strikte Orientierung der Erkenntnis an dem Ziel gesellschaftlich möglicher, 'praktischer' Intervention und die Angewiesenheit praktischer Maßnahmen auf wissenschaftliche Reflexion institutionalisieren die "ständige Wechselwirkung" zwischen Theorie und Praxis und konstituieren einen "permanenten Rückkoppelungsprozeß" (W.KLAFKI,1969/71).

Erkenntnis, Kritik und Veränderung von gesellschaftlichen und pädagogischen Verhältnissen im Sinne einer "der Entwicklung vernünftiger gesellschaftlicher Zustände verpflichteten Erziehungswissenschaft" (Ch.WULF,1977,204) benötigen eindeutige erkenntnis- und handlungsanleitende Normen und Zielvorstellungen, um nicht selbst "von Herrschaftsinteressen in den Dienst genommen zu werden" (ebd.).

Angesichts der "Schlechtigkeit der jeweiligen Realität" müssen es Kriterien sein, die einer "Überholung der jeweiligen menschheitlichen Zustände zum Noch-Besseren" (D.-J.LÖWISCH,1971,165/167) genügen können. Dies verlangt die pädagogische Verpflichtung auf "praktische Parteinahme für das als rechtens Erkannte und für das im Heute Mögliche" (ebd.).
Den Maßstab für die adäquate pädagogische Intervention liefert das namensgebende Attribut 'Emanzipation'.

1.1.3 Emanzipation des Einzelnen durch Kritik an der Gesellschaft

Mit Emanzipation, grob bestimmt als 'Befreiung von Herrschaft', ist der theoretische und praktische Prüfstein der Kritischen Erziehungswissenschaft bezeichnet. Das diese Theorie charakterisierende 'emanzipatorische Erkenntnisinteresse' leitet die "Ermittlung von Bedingungen und von praktischen Möglichkeiten (an), Freiheit, Gerechtigkeit, Vernuft zu realisieren" (W.KLAFKI,1976). Es beansprucht, über bisherige pädagogische Selbstverständnisse hinauszuweisen, indem es sich nicht nur auf die Mündigkeit des Einzelnen bezieht, sondern auch gesellschaftlich politische Beziehungen berücksichtigt, die menschliche Lebensformen "bestimmen oder doch mitbestimmen" (ebd.).

Der Kern dieses Bildungsverständnisses läßt sich nach H. BLANKERTZ bis in die Antike zurückverfolgen und beinhaltet die pädagogische Parteinahme "für den einzelnen Menschen als Menschheit" (H.BLANKERTZ,1974) oder die "Hervorbringung des Menschen zum Menschen" (W.SCHMIED-KOWARZIK, 1974,167). Damit ist nicht das Werden der Persönlichkeit im weitesten Sinne gemeint, wie es in der erziehungswissenschaftlichen Sozialisationsforschung zum Gegenstand wird[1], sondern ein 'in der Eigenstruktur edukativer Prozesse' angelegtes 'kritisches Moment', das sich gegen 'Zucht und Drill des Menschen im Interesse besonderer Funktionen' wendet.

Dieser Bildungsbegriff spielt auf ein erzieherisches Konzept der Aufklärung an, das "die Freiheit des Individuums als Autonomie durch Verstandesreflexion zu verwirklichen

---

[1] Vgl. u.a. H.FEND,1969

dachte (H.H.HOLZ,1974,42). Es bedarf unter den Bedingungen
einer "wissenschaftlich-technischen Zivilisation" (H.
BLANKERTZ) einer 'ideologiekritischen Ergänzung', die in
der Reflexion gesellschaftlicher Verhinderungsmechanismen
von Bildung besteht. Erst dadurch wird der Weg frei für
die zu realisierende bessere Erziehung.

Angsichts der "Verflechtung der pädagogischen Probleme
in politische, gesellschaftliche und wirtschaftliche Zusammenhänge" (W.KLAFKI) sollen pädagogische Leitvorstel-
lungen wie Emanzipation, Vernünftigkeit und Selbstbestimmung nicht im Sinne einer vorausgesetzten 'Idealgesell-
schaft' bestimmt werden. Die pädagogischen Prinzipien
sind hingegen immer wieder neu historisch zu interpretieren, "entsprechend dem jeweils erreichten Stand der
technischen, wirtschaftlichen, gesellschaftlichen, kul-
turellen Möglichkeiten und des Bewußtseins" (W.KLAFKI,
1976,46).
Die emanzipatorische Pädagogik wehrt sich mit dieser
Relativierung gegen den Vorwurf, ihr Programm der Realität aufgrund einer weltanschaulichen oder idealisti-
schen Sicht überstülpen zu wollen. Gemäß ihrem Verstehen
hat sie auch nichts gemein mit dem "vulgär-marxistischen
Dogma, das pädagogische Phänomene von vornherein ausschließlich als kausal determinierte Wirkungen ökonomisch
bedingter Macht- und Abhängigkeitsverhältnisse ansieht"
(ebd.,41).

Die beanspruchte 'Eigenständigkeit der Erziehung in Theorie
und Praxis' gilt ihr als notwendig zur Erfüllung des besonderen Auftrags, für die "Entfaltungsmöglichkeiten des
jungen Menschen, für seine Entwicklung zur Mündigkeit" zu
sorgen, was gegebenenfalls auch gegen die Ansprüche der
Gesellschaft verteidigt werden muß.
Um diesen Auftrag zu erfüllen, sollen historisch bedingte
Bildungsinhalte fortwährend dahingehend überprüft werden,

ob sie die "Freiheit zu Urteil und Kritik" zulassen. Diese Überprüfung erfordert eine "ideologiekritische" Analyse, welche in den psychologisch-anthropologisch begründeten Lerninhalten die "vorgegebenen objektiven Ansprüche der Gesellschaft" zu entlarven vermag und damit aufklärt über die verschwiegene politische Funktion jeder "unpolitisch gehandhabten Bildungstheorie" (H.BLANKERTZ,1974). Nur eine parteiliche Ideologiekritik vermag demgemäß die praktischen, "gesellschaftlich vermittelten Herrschaftsinteressen" zu entdecken, die verantwortlich sind für den "politischen Mißbrauch" des Bildungsbegriffs. In dieser Distanz zu den Herrschaftsverhältnissen, die die Unvernunft zu verewigen trachten, sieht kritische Erziehungstheorie denn auch das Subversive der neuhumanistischen Bildungskonzeption, an dem es nach wie vor festzuhalten gelte.

"Erst die ideologiekritische Forschung hat uns die Fragwürdigkeit herkömmlicher Leistungskriterien in ihrer unkritischen Anwendung auf Erziehung und Unterricht in vollem Umfang zu sehen gelehrt" (W.KLAFKI,1976,41). Erst Ideologiekritik ermöglicht einer auf "das Bessermachen der Welt" verpflichteten Pädagogik (D.-J.LÖWISCH) die Erarbeitung von "auf politischer Vernunft basierenden Curricula" (H.-J.GAMM,1978). In ihnen werde "der dialektische Zusammenhang der Erziehungsziele mit der sie umschließenden gesellschaftlichen Praxis ständig berücksichtigt" (ebd.,89) und damit dem Individuum die "Dialektik von Individuum und Gesellschaft" erschlossen.

1.1.4 Was ist Erziehung ?

Sinn und Inhalt von Erziehung werden von der kritisch-emanzipatorischen Erziehungswissenschaft aufgrund des Einflusses von sich wandelnden historischen Gegebenheiten auf das Erziehungsgeschehen immer wieder neu bestimmt. Oder anders ausgedrückt: Erziehung ist das, was eine Kommunikationsgemeinschaft zu einem bestimmten Zeitpunkt darunter versteht (K.MOLLENHAUER).[1] So ist z.B. die Forderung nach Chancengleichheit nur in einer Kommunikationsgemeinschaft möglich, die darin übereinstimmt, "daß der Sinn von Erziehung unter anderem darin besteht, in Heranwachsenden Voraussetzungen für eine Beteiligung an gesellschaftlichen Entscheidungsprozessen zu schaffen" (K.MOLLENHAUER,1968, 16). Eine derartige Übereinstimmung basiert auf dem Postulat einer naturhaften Vernunft: "Die Verfügung des Menschen über sich selbst" beinhaltet "das Vermögen, unbefriedigte und unterdrückte menschliche Bedürfnisse (...) und Fähigkeiten zu bestimmen, die Verhältnisse zu kritisieren, die ihre Befriedigung hemmen" (W.LEMPERT,1971,324).

Die kritische Erziehungstheorie gesteht zu, daß ein 'aufgeklärter Konsensus' über menschliche Bedürfnisse und ihre maximale Befriedigung bis heute nicht erreicht werden konnte. W.LEMPERT begründet diesen Mangel mit der steten Veränderung und deswegen Vorläufigkeit von Bedürfnissen und Maßnahmen ihrer Befriedigung.
Diese Veränderung wird als Resultat eines 'sozialen Wandels' aufgefaßt, der in verstärktem Maße in 'modernen Industriegesellschaften' stattfindet und von einer praxisorientierten Erziehungstheorie berücksichtigt werden muß.

---

[1] Vgl. zur "Sprache als einer Art Metainstitution (...), von der alle gesellschaftlichen Institutionen abhängen" : J.HABERMAS,1970 (Zitat auf S.287)

'Vernünftige Verhältnisse' scheinen in der ständigen Verbesserung bestehender gesellschaftlicher Beziehungen zwar durch, ihrer Vollendung stehen aber die gegebenen Umstände entgegen. Dies hat Auswirkungen auf die emanzipatorische Elle, die an gesellschaftliche Realitäten angelegt wird: "Allgemeine, das heißt auch: dauernd gültige und zugleich konkrete emanzipatorische Aussagen liefert die substantielle Vernunft nur in der Form von Negationen: als Kritik, - Kritik an der institutionalisierten Behinderung von Bedürfnisbefriedigung und Bedürfnisinterpretation" (W.LEMPERT,1971,326).

Was emanzipatorische Erziehung ist, muß also immer wieder neu bedacht werden. Es läßt sich allerdings ein Kriterium angeben, mit dessen Hilfe sich im Wandel begriffene Gesellschaftszustände pädagogisch beurteilen lassen. Es ist die 'vernünftige Kritik', die sich nicht nur auf Sprache, Texte und Kunst bezieht, sondern auch "die gesellschaftliche, die ökonomische und die technologische Tätigkeit des Menschen" zum Gegenstand hat (H.BLANKERTZ).

Sie bietet den Orientierungspunkt für die Beurteilung von theoretischer Erkenntnis und 'praktischer Realität'. Allein sie verhindert die bloße Reproduktion des historisch Vorgegebenen, wie es die geisteswissenschaftliche Pädagogik zum Resultat hat.[1] Vernunftgeleitete Kritik im emanzipatorischen Auftrag steht auch im Gegensatz zum Erziehungsbegriff der empirisch-erfahrungswissenschaftlich orientierten Erziehungswissenschaft. Erziehungsprozesse sind dort zu quasi-naturhaften Ursache-Wirkungszusammenhängen degradiert und können dadurch zur technologischen Beherrschung menschlichen Verhaltens mißbraucht werden. Ein solcher Begriff von Erziehung bezeugt einen

---

1 Vgl. R.UHLE,1976

mangelnden "Respekt vor der Rationalität der im Erziehungsverhältnis miteinander verbundenen Subjekte" (K. MOLLENHAUER).
Gegen den Mißbrauch ihres eigenen Vernunfts- und Bildungsbegriffs glaubt sich die Kritische Erziehungswissenschaft durch das konstitutive Prinzip einer Erziehung schützen zu können, die ihren Zweck allein in der "Mündigkeit des Subjekts" sieht (K.MOLLENHAUER). Jede Rechtfertigung politischer Verhältnisse scheint ihr deswegen nicht nur ausgeschlossen, sondern es wird zur natürlichen Aufgabe einer Erziehungswissenschaft, die sich um der von ihr postulierten Objektivität willen über die Herrschaft spezifischer gesellschaftlicher Interessen bewußt geworden ist, die Unterdrückung der Vernunft durch politische Herrschaftsverhältnisse offenzulegen.

Das emanzipatorische Erkenntnisinteresse benötigt dazu weder ein transzendentales Ideal, noch gehorcht es einer subjektiven Wertungswillkür: Die Untersuchungen von Vernunft und Bedürfnisbefriedigung verhindernden gesellschaftlichen Bedingungen "messen sich einer vom bürgerlichen System objektiv vorgegebenen Wertstruktur an" (M.R.VOGEL,1970,39).

Vernünftige Erziehung und Erziehung zur Vernunft ist demnach nicht nur möglich, sondern ist angesichts existierender unvernünftiger Verhältnisse geradezu eine Pflicht. - So lautet stolz das Motto einer selbstbewußten Erziehungstheorie, die es sich zutraut, ihre paradigmatische Fundierung im Sog eines Entwurfs zu leisten, der auf 'das Ganze' menschlicher Verhältnisse hin orientiert ist.

1.2 Zur Kritik emanzipatorischer Erziehungstheorie

Die folgende Kritik gliedert sich in drei Etappen. Am Anfang stehen Beiträge zum wissenschaftlichen Verfahren dieser Pädagogik. In den Formulierungen grundsätzlicher Zusammenhänge können sie erhebliche Konsistenzprobleme nachweisen. Auf einer methodenkritischen Ebene werden die Probleme als wissenschaftstheoretische Schwierigkeiten diskutiert.
Ein zweiter Schritt der Kritik unternimmt es, die festgestellten Mängel auf einem anthropologiekritischen Hintergrund zu lesen. Die 'Fehler' formieren sich unter dieser Lesart zu charakteristischen Paradigmen, die in der Art ihrer paradoxen Formulierung nachdrücklich auf eine gemeinsame Wurzel hinweisen, die nur gesellschaftlicher Provenienz sein kann.
Der letzte Teil der Kritik kommt einer Art gesellschaftstheoretischer Archäologie gleich, die versucht, Wirkungen gesellschaftlicher Zusammenhänge am pädagogischen Text nachzuzeichnen.
Die kritische Auseinandersetzung hält sich eng an das oben dargestellte Selbstverständnis der emanzipatorischen Erziehungstheorie. Wiederholungen lassen sich deswegen nicht vermeiden.

1.2.1 Methodologische Kritik

Gleichwohl die emanzipatorische Erziehungswissenschaft ihren theoretischen Ausgangspunkt im wesentlichen in der von J.HABERMAS übernommenen und auf die Pädagogik übertragenen Kritik am "Subjektivismus der geisteswissenschaft-

lichen Hermeneutik" und am "Objektivismus der analytischen Wissenschaftstheorie" zu nehmen beansprucht, gelten ihr beide Theorietraditionen prinzipiell keineswegs als untauglich für die Konstitution des eigenen methodischen Verfahrens.[1]
Entscheidendes Argument für die "Integration" empirischer Methoden ist die Gewißheit der emanzipatorischen Theorie, daß empirische Verfahren auf kritische Weise benutzt werden können, indem der Entstehungs- und Verwendungszusammenhang "ideologiekritisch" problematisiert wird.

Als gewiß vorausgesetzt ist die Objektivität von Daten und von Instrumenten zur Datengewinnung. Bei einwandfreiem methodischen Vorgehen kommt somit lediglich die Fragestellung einer Untersuchung oder die Interpretation der Ergebnisse als 'ideologische Fehlerquelle' in Frage. An dieser Stelle wäre der Zweifel berechtigt, ob sich die kritische Erziehungstheorie nicht folgenschwer täuscht über die angenommene Objektivität der Konstruktionsweise empirischer Analysen. Gemäß einer konsequenteren ideologiekritischen Auffassung ist auch die Machart empirischer Untersuchungen gänzlich befrachtet mit erkenntnistheoretischen und gesellschaftstheoretischen Prämissen. Dies zeigt sich in der Auswahl von Variablen, Konstanten, logischen Beziehungen usf.

T.FEUERSTEIN (1975) sieht dieses Problem, wenn er fragt, wie es gelingen kann, "die Begründungsproblematik auch gesellschaftstheoretisch und erkenntnistheoretisch befriedigend in den Integrationszusammenahng von Theorie, Methode und Daten zu integrieren" (ebd.,175).

---

[1] Als theoretische Vorlage dient das Konzept der "kommunikativen Erfahrung" von J.HABERMAS, das eine Integration "empirisch-analytischer Erfassung des Systems" als auch von "hermeneutischer Aufklärung" zum Ziel hat (vgl. J.HABERMAS,1970).

Welche Konsequenzen eine oberflächliche Auseinandersetzung mit der schmählich kritisierten "positivistischen Forschungspraxis" nach sich ziehen kann, illustriert W.KLAFKI am alltäglichen Beispiel: Nach KLAFKI (1976) können Leistungskriterien (z.B. in Eignungstests) eine "Hilfe zur individuellen Selbstprüfung und zur Steigerung persönlicher Fähigkeiten des jungen Menschen" sein, werden durch eine 'unkritische Anwendung aber oft als bloße Mittel der Anpassung an unkritisch akzeptierte wirtschaftliche und soziale Hierarchien mißbraucht' (ebd.,41).

Diese und ähnliche Argumentationen enden häufig in dem Appell, Ergebnisse wissenschaftlicher Untersuchungen nur auf eine bestimmte Art und Weise zu verwenden. Sie nähern sich, wie bei MOLLENHAUER, einer Art wissenschaftlicher Selbstzensur an, gemäß der "das durch Untersuchungen zur Chancengleichheit erworbene Wissen kein solches sein _darf_, das zur Beherrschung von Menschen verwandt werden kann" (K.MOLLENHAUER,1968,16).

G.ROHRMOSER (1970) betont in seiner Kritik der Kritischen Theorie zurecht die dort beobachtete Diskrepanz zwischen Anspruch und Wirklichkeit, wenn er schreibt, "hinter der Praxis, die Emanzipation nach ihrem Verständnis will, steht zunächst auch nur das Interesse, sie zu wollen" (ebd.,101).
Dieser Vorwurf muß in zweierlei Hinsicht präzisiert werden. Zunächst ist damit das 'Fehlen von begründeten metatheoretischen Regeln' zur Fundierung normativer Aussagen angesprochen.[1] Weder die ideengeschichtliche Rückbesinnung auf Humanismus und Neuhumanismus noch die Annahme einer in den Dingen selbst enthaltenen Vernünftigkeit, der zur Geburt verholfen werden muß, kommt über eine

---

[1] Vgl. E.KÖNIG,1975, S.186 ff.

apriorische Setzung von Emanzipation und Mündigkeit als theorie- und handlungsanleitende Normen hinaus. Diese Eckpfeiler der vielbemühten Parteinahme einer "kritisch-konstruktiv" verstandenen Erziehungswissenschaft (W.KLAFKI) entwachsen dem Dunst apriorischer Absichtserklärungen.

Dies kann nicht mit der Vorläufigkeit des theoretischen Modells entschuldigt werden, wie es an vielen Stellen der kritischen Erziehungstheorie hervorgehoben wird.[1] Auch der gute Zweck, "die Befreiung des Menschen von unnötiger Herrschaft", kann den Protagonisten nicht die Mittel heiligen, wenn metatheoretische Regeln auf dem Prüfstand stehen.
Der Widerspruch zwischen 'guter Absicht' und mangelnder Begründung ist mit keinem 'praktischen Erfolg' kompensierbar. Er provoziert hingegen eine Befassung mit der Funktion von Wissenschaft, die sich in dieser Erziehungstheorie als Träger von Emanzipation begreift. Damit ist eine zweite Präzisierung der Kritik angesprochen, wie sie in ROHRMOSERs Charakterisierung der Kritischen Theorie anklingt.

Emanzipatorische Wissenschaft ist gemäß ihrem Selbstverständnis sowohl Bedingung als auch Träger des Emanzipationsprozesses. Aufklärung darüber, "daß es in unserer Gesellschaft kleine, aber mächtige Gruppen gibt, die sich gegen die Interessen der Mehrheit verhalten" (H.J.GAMM, 1978,90), ist nicht nur eine Voraussetzung für gesellschaftliche Veränderung, sondern wird selbst zum emanzipierenden Akt, - der aufgeklärte ist auch der mündige Bürger.

---

[1] Die einleitend beschriebene 'Aufarbeitungsphase' der Erziehungswissenschaft wird hier als inhaltliches Argument mißbraucht.

Dieses Denkmodell eines sich qua Reflexion emanzipierenden Individuums beherrscht außerordentlich stark die theoretische Szene.
Obwohl z.B. für D.KAMPER (1973) 'die Wiederherstellung der Freiheit durch Reflexion bzw. Kritik allein illusorisch' erscheint und er an dieser Stelle auf die MARXsche 'Kritik der Politischen Ökonomie' verweist, die "Ur-sachen der bürgerlichen Gesellschaft analysierte" (ebd.,226), zielt er doch auf das Programm einer "Erziehung des Denkens" des 'modernen, isolierten Menschen' als Voraussetzung oder auch ersten Schritt zur Befreiung. Den Ort für "die fällige Aufklärung des 'homo cogitans' über sich selbst", wo "die Konsequenzen der Herrschaft auf ihre bedingenden Faktoren zurückgeführt werden", bilden die Wissenschaften, weil hier "die Einsamkeit des Individuums am weitesten fortgeschritten ist" (ebd.,241).[1]

Wenn wissenschaftliche Praxis per definitionem zur emanzipatorischen Praxis wird, ist dann die pädagogische Intervention, wie sie als 'praktisches Ziel' nach oder neben der wissenschaftlichen Erklärung fortwährend beschworen wird, überflüssig? Oder anders ausgedrückt: Wie ist die Beziehung zwischen aufgeklärtem Individuum und veränderungswürdiger Gesellschaft zu denken?

Auf diesen Punkt konzentriert sich die skeptische Vermutung von H.MOSER (1972): "Gesellschaftliche Veränderung (...) über eine sich bewußt gewordene Wissenschaft (...) entpuppt sich als Ausweg in einer Gesellschaft, an deren Aufklärungsmöglichkeit und Bereitschaft zur gesellschaftlichen Veränderung die kritische Theorie ernsthaft zu zweifeln scheint" (ebd.,650).

---

[1] Daß der theoretische Ansatz von D.KAMPER nicht mit einer methodologischen Kritik einzuholen ist, sollte an den Ausführungen unter 1.3.2 deutlich werden.

Die von der kritischen Erziehungstheorie gegen den hermeneutischen Praxisbegriff gewandte Kritik, er gehe von der Annahme eines 'gesellschaftsfernen Individuums' aus, verweist selbst auf keine neue Lösung. Denn auch in der emanzipatorischen Pädagogik existiert das Problem, daß "Erkenntnisinteresse zwar auf Praxis verweist, aber selbst nicht mit gesellschaftlichem Handeln zusammenfallen muß" (H.MOSER,1972,651).[1]
Das "bürgerliche Vorurteil", Wissenschaft zum Träger der Emanzipation zu machen, sieht H.MOSER an dieser Stelle im Fehlen einer grundlegenden Gesellschaftsanalyse begründet. Er selbst führt aber auch keine weitere Bestimmung von Gesellschaft ein und endet mit dem Appell einer erforderlichen, intensiveren Verschränkung von Theorie und Praxis. Dies steht zweifelsohne im Gegensatz zu den anfangs geforderten gesellschaftstheoretischen Anstrengungen.[2]

Mangelnde gesellschaftstheoretische Fundierung kann durch wohlklingende Appelle an eine allen gemeinsame Vernünftigkeit nicht kompensiert werden. Die bloße Feststellung dieses Mangels der Kritischen Erziehungswissenschaft ist jedoch der Gefahr ausgesetzt, den systematischen Stellenwert dieser Schwäche innerhalb der theoretischen Konstruktionen zu übersehen. Es ist denkbar, daß in der Art des Fehlens einer ausführlichen expliziten Erklärung von Gesellschaft eine implizite Gesellschaftstheorie aufscheint. Darauf wird später zurückzukommen zu sein.

Eine theoretische Variante der kritisch-emanzipatorischen Erziehungskonzeption mit Bewußtsein für das gesellschafts-

---

[1] Vgl. auch D.BENNER,1970
   An dem stichhaltigen Einwand, daß dort, wo z.B. in der Sprachbarrierenforschung unterschiedliche Verbalisierungsstrategien auf dem Hintergrund widersprüchlicher Schichtabgrenzungen untersucht werden, gesellschaftsanalytische Arbeit anzusetzen hätte, muß jedoch festgehalten werden.

analytische Defizit bietet H.-J.GAMM an. Er stellt die
Frage, "was Pädagogik sein könnte, wenn sie sich die
Marxschen Erkenntniskategorien zu eigen machte und die
Herrschaftsinteressen innerhalb der Erziehungsprozesse
analysierte",[1] - vergißt aber nicht hinzuzufügen, "daß
das Buch aus marxistischem Erkenntnis- und Praxisinte-
resse geschrieben ist, freilich ohne daß der Autor den
marxistischen Anspruch dauernd durchhalten konnte"
(ebd.,12). Eine so persönliche wie nichtwissenschaftliche
Erklärung für diesen Mangel gibt H.-J.GAMM am selben Ort.

Wenn Erziehung das soziale Handeln disponiert, in dem
sich eine Gesellschaft darstellt, und hier auch ihre
Chance zur Intervention sieht, ist das Fehlen einer
"halbwegs verbindlichen Theorie, die für die systematische Anaylse der fundamentalen Interdependenzen zwischen
Erziehung und Gesellschaft nötig wäre" (J.KOB,1970,120),
gravierend.

Auffallend ist das Changieren der kritischen Erziehungstheorie zwischen der Bestimmung von Erziehung als ab-
hängiger Variable gesellschaftlicher Verhältnisse und
ihrer Definition als unabhängiger, intervenierender Variable (G.HARTFIEL,1973). Von J.KOB wird die tautologische Fassung der Beziehung zwischen Erziehung des Einzelnen und Gesellschaft kritisch vermerkt. Er bewegt sich
jedoch ganz auf dem Terrain des von ihm Kritisierten,
wenn er diese Tautologie durch die Konstruktion einer
"eigenartigen strukturellen Distanz" zwischen dem Erziehungsgeschehen und gesellschaftlichen Verhältnissen
zu beseitigen versucht. Dies manifestiert sich in seinem
Schluß, "den zu Erziehenden wenigstens partiell als noch
in einem 'Vorraum' der eigentlichen Gesellschaft befind-

---

[1] Vgl. H.-J.GAMM,1972

lich" zu betrachten (ebd.,124).
Seine Lösung sucht sich durch den Verweis auf gesellschaftliche Verhältnisse zu legitimieren, die einem beschleunigten 'sozialen Wandel' unterliegen. Ein Wandel, der eine Erziehung nicht nach jeweils geltenden sozialen Normen, sondern für die erst umrißhaft sich ankündigende Gesellschaft geboten erscheinen läßt.[1]

Die Curriculumforschung als angewandte Erziehungswissenschaft erhält aus diesem Grund den Auftrag, Innovationen bereitzustellen, die dem vielzitierten 'sozialen Wandel' gerecht werden können.

Im 'Funkkolleg Erziehungswissenschaft', das aufgrund seines Adressatenkreises besonderen Wert legt auf eine "Konkretisierung" wissenschaftlicher Ergebnisse, kann nachgelesen werden, welche "Wertorientierungen" angesichts des "steten gesellschaftlichen Wandels" beim zu Erziehenden gefördert werden müssen: 'Aktivistische, zukunftsorientierte und individualistische Wertorientierung begünstigen Leistungsstreben und die soziale Mobilität' (G.M.RÜCKRIEM,1970,291).
Daß dieser 'soziale Wandel' einen Dreh- und Angelpunkt der gesellschaftlichen Erklärung in der emanzipatorischen Erziehungstheorie darstellt, ist ihr unschwer zu entnehmen. Es fehlt jedoch jede nähere Bestimmung dessen, was sich ändert oder wandelt, ganz abgesehen von einer Erklärung der subjekthaften Gestalt dieser Veränderung. Diese Unbestimmtheit eines zentralen Scharniers der eman-

---

[1] Vgl. G.HARTFIEL,1973, S.10 f.; in diesem Punkt scheint deutlich die evolutionstheoretische Fassung gesellschaftlicher Veränderung von J.HABERMAS durch, bei dem der "beschleunigte und gerichtete soziale Wandel" den Status einer "Fundamentalerfahrung" zugewiesen bekommt, die durch reflexive Bewußtwerdung ein Bedürfnis nach sozialer Veränderung und Befreiung provoziert (J.HABERMAS,1973, S.389 ff.).

zipatorischen Theorie bedarf einer Erklärung, von der
man sich Aufschluß über andere Ungereimtheiten und theoretische Mängel erhoffen darf.

Die Konzentration des theoretischen Interesses der emanzipatorischen Pädagogik auf 'konkrete' Prozesse der kind-
lichen Sozialisation, der Erforschung von Erziehungsin-
stitutionen und ihres sozialen Umfelds etc. kann sie nicht
der Aufgabe entbinden, sich intensiver ihrer grundbegrifflichen Basis versichern zu müssen, um zu unmittelbar an
sie gerichteten Fragen begründete Antworten geben zu können.

Die angeführten methodologischen Kritiken können das Bewußtsein für Schwachstellen der emanzipatorischen Erziehungstheorie schärfen, ohne allerdings der inneren Systematik gesellschaftsanalytisch oder erkenntnistheoretisch
auf die Spur zu kommen. Dies hängt gewiß damit zusammen,
daß sich die Kritik im gleichen oder ähnlichen grundver-
ständlichen Rahmen bewegt wie die kritisierte pädagogische Theorie.
Die folgende paradigmatisch orientierte Kritik bezieht
sich in destruierender Absicht auf das theoretische Selbstverständnis der kritisch-emanzipatorischen Erziehungstheorie und rührt mit Absicht an ihren Grundfesten.

1.2.2   Ansätze paradigmatischer Kritik

Für die Resultate der bisherigen Betrachtung gilt, daß
eine am Grundsätzlichen interessierte Analyse die Verantwortung für theoretische Konstrukte nicht bei den einzelnen Konstrukteuren belassen kann.

Eine apriorische Theoriekonstruktion indiziert beispielsweise nicht nur methodische Schwäche, sondern ist als Ausdruck einer bestimmten Systematik gesellschaftlichen Denkens und Handelns zu interpretieren.
Die Kritik grundlegender Sichtweisen der Pädagogik kommt deswegen nicht aus ohne eine kooperative Liaison zwischen Erkenntnistheorie und Gesellschaftstheorie, wie sie richtungsweisend in den theoretischen Beiträgen von D.KAMPER enthalten ist.

D.KAMPERs Anthropologiekritik, vom "Standpunkt der Geschichte" aus vorgetragen, insistiert sowohl auf der 'historischen Qualität der Interpretation von Geschichte und menschlicher Natur als auch auf den geschichtlichen Ursachen der These einer ungeschichtlichen Natur des immergleichen Menschenwesen' (D.KAMPER,1973), wie sie in den Texten der emanzipatorischen Erziehungstheorie aufscheint.
Seine These, derzufolge "der Mensch bis zu einem gewissen Maße so sein muß, wie er interpretiert wird bzw. sich bis zu einem gewissen Maße unterinterpretieren kann" (ebd.,154) - was einer Art 'self-fullfilling prophecy' gleicht -, rückt die Bedeutung der Interpretationsmodi für das menschliche Selbstverständnis in den Blickpunkt. Dem Erzieher, der 'alles weiß' über seinen Zögling, gilt hier die Aufmerksamkeit einer prinzipiellen Kritik.
Daraus erklärt sich KAMPERs Anspruch einer Anthropologiekritik, die insofern einer "pädagogischen Anthropologie" gleichkommt, als durch eine "Erziehung des Denkens" die Befreiung des sich kurzschlüssig denkenden Individuums aus den Fesseln seiner theoretischen "Überdeterminierung" für möglich gehalten wird. Diese Möglichkeit gilt nur unter der Voraussetzung, daß der "Befreiende", also der Erzieher, "seine provokative Verständigung in einem anderen Horizont als dem der herrschenden Zweck-Mittel Logik auszulegen" fähig ist und damit die 'besonders auf dem Feld

der Erziehung zunehmende Verdinglichung als Folge seines Handelns denkend zu vermeiden weiß' (ebd.,225 f.).

D.KAMPER wendet sich gegen jede Art berechnender Didaktik, "die alle Unsicherheit und jegliche Spontaneität im vorhinein kontrolliert", weil dies "die endgültige Zurückführung von Geschichte auf Natur" bedeute (ebd.,237).
Das programmatische Festhalten an menschlicher Emanzipation erfordere die Antizipation einer "humanen Struktur, die nicht mehr im Rahmen einer objektivierenden Gegenstands-Wissenschaft begriffen werden kann" (ebd.,231).
Die Erarbeitung "eines Begriffs vom Menschen, der es erlaubt, die Unmöglichkeit eines Begriffs vom Menschen begrifflich nachzuweisen", macht es erforderlich, daß Raum bleiben muß für "historische Experimente, die nur von denen kontrolliert werden können, die sie aktiv und passiv erfahren" (ebd.,237).

Im Verhältnis von skeptischem Denken und historischem Experiment kommt bei D.KAMPER eine neue Beziehung zwischen Theorie und Praxis zum Vorschein, in der die Theorie ihrer Selbstaufhebung entgegenstrebt, je mehr das historische Experiment mit Hilfe von "Einbildungskraft, Phantasie, Imagination" die 'alte Wirklichkeit' überholt. Diese Ansicht wendet sich radikal gegen eine theoretisierte Praxis, die sich selbst als krisenbewältigend versteht, und gegen tautologische Argumentationen, die sich ihren Pragmatismus selbst beweisen.

Am Beispiel des derzeit zu beobachtenden Schulalltags und seiner erziehungswissenschaftlichen Erklärung verdeutlicht A.FLEISCHER (1980), wie 'Desinteresse, Sprachlosigkeit und Gewalt, interpretiert als Motivationsdefizit, Lernblockade oder abweichendes Verhalten', letztlich zur Ratlosigkeit emanzipatorischer Pragmatiker und Theoretiker führen.

Die Analyse jener Realität, die emanzipatorische Erziehungstheorie als zu untersuchende Rahmenbedingungen von Erziehung bereits aussortiert hat, verfestigt einen theoretisierenden Bezug auf pädagogische Praxis und bringt die beschriebenen Muster pädagogischer Intervention hervor. Das vermeintliche Scheitern entweder von Wissenschaft oder von Pragmatismus verkennt die Ausweglosigkeit des dichotomisch geschlossenen Zirkels, der im lösungsheischenden Verweis auf den jeweils anderen Bereich zum Ausdruck kommt.[1]

Noch eines wird an diesem dilemmatischen "steten Rückkoppelungsprozeß" (W.KLAFKI) deutlich. Die angestrebte pädagogische Intervention kritischer Erziehungstheorie sieht sich mit dem Widerspruch konfrontiert, die Selbst-Entfaltung des zu Erziehenden qua pädagogischer Kontrolle herstellen zu wollen. Das 'Ein mal Eins' des pädagogischen Pragmatikers, die Motivationstechniken zur Aktivierung des Schülerinteresses für seine Ziele, offenbart eine verdinglichende Beziehung, die das erklärte Programm der Selbstbefreiung des Individuums desavouiert.

Diese Feststellung mündet nicht in den Vorwurf einer gewußten Täuschung, sondern hat nach D.KAMPER 'präzis auszumachende gesellschaftliche Ursachen, die sich hinter dem Rücken der Individuen durchsetzen.' Hinter dem Rücken der Individuen deswegen, weil der in der kritischen Erziehungstheorie beschworene Gegensatz zwischen Geschichte und Natur, Individuum und Gesellschaft seine Grundlage in einer Verfassung der gegenwärtigen Realität hat, "in der der einzelne Mensch als unabhängiges Naturwesen und abhängiges Gesellschaftswesen zugleich erscheint" (D.KAMPER,1974,17). Dieser gesellschaftlich

---

[1] Vgl. A.FLEISCHER,1980

begründete Widerspruch, in dessen dichotomischer Formulierung Kultur versus Natur 'Kultur selbst zur zweiten Natur wird', ist dem einzelnen gesellschaftlichen Individuum nicht ohne weiteres bewußt.
Die Menschen bringen zwar durch die Art ihrer Beziehungen Gesellschaft überhaupt erst zustande, werden aber der Widersprüchlichkeit der produzierten Resultate reflexiv nicht gewahr. Schlimmer noch: Diese gesellschaftliche Verkehrtheit verdoppelt sich in Form der Selbstinterpretation der Individuen. "Gesellschaftliche Objektivität, von Menschen mit Absicht, aber bewußtlos hervorgebracht, und gesellschaftliche Subjektivität, die die Aufhebung jener 'schlechten' Objektivität zu leisten hätte", erscheinen als "zweierlei, wie das Gerede vom 'objektiven' und 'subjektiven' Faktor der Geschichte suggerieren möchte" (D.KAMPER,1975,194).

Diese Entgegensetzung manifestiert sich in einem für das untersuchte pädagogische Selbstverständnis typischen Gegeneinander von fixer menschlicher Natur, die gewissermaßen das Gute verkörpert, und schlechten gesellschaftlichen Rahmenbedingungen, die das Gute nicht zum Zug kommen lassen. Diese Art von gesellschaftskritischer Potenz liegt nach D.KAMPER in einem "Antibürgertum", das 'immer schon Bestandteil des Bürgertums ist'; die Kritik bewegt sich innerhalb des gleichen Paradigmas wie das Kritisierte. Gegen diese "unbemerkte Befangenheit der Kritik im mächtigen und gewalttätigen Einflußbereich des Kritisierten" gilt es nach D.KAMPER anzugehen, soll nicht 'die in menschlicher Geschichte latente Barbarei gänzlich obsiegen' (ders.,1975,204).

D.KAMPER stellt sich das Problem, wie die soziale Genese der Trennung von objektiven Verhältnissen und subjektivem Verhalten durch menschliche Tätigkeit zu erklären ist. Seine Sichtweise macht das Begreifen von Dichotomien mög-

lich, die in der pädagogischen Theorie und Praxis in der
Form eines Entweder-Oder bzw. eines wissenschaftlich
bankrotten Alles-hängt-mit-Allem-zusammen wichtige Positionen einnehmen.

Die vitalisierte Skepsis im Denken bezieht D.KAMPER auf
das 'Handeln der Individuen in der bürgerlichen Gesellschaft, wie es sich als zunächst zweckgerichtetes Handeln gegen die Menschen kehrt' und nur noch 'zweckloses'
Verhalten zuläßt. Mit der angestrebten 'Erziehung des
Denkens' ist die Frage verbunden, welcher Art von subjektiver Reflexivität notwendig ist, um den Zwang der
bürgerlichen Verhältnisse zu durchbrechen.

Die zu beschreibende Virulenz einer Subjektivität, die
nicht ihre eigene Selbstaufhebung betreibt, beinhaltet
eine Forschungsstrategie, die sich offenbar unterscheidet von einer Erforschung jener "indirekten Ursachen,
die eine Restitution der Freiheit durch Reflexion bzw.
Kritik allein illusorisch werden lassen" (D.KAMPER,1973,
226). KAMPERs Frage nach der Subjektivität setzt einen
Begriff von bürgerlicher Gesellschaft voraus, der zwar
in seiner Kritik herkömmlicher Anthropologie permanent
anwesend ist, aber selbst nicht weiter ausgeführt wird.
An dieser Stelle verweist er auf die 'Kritik der Politischen Ökonomie' von K.MARX, mit der eine kritische Wissenschaft vermittelt werden müsse.
Wenn aber Anthropologie bzw. Anthropologiekritik zu unterscheiden ist von Gesellschaftstheorie, wie läßt sich
das Verhältnis zwischen beiden denken, ohne in den zirkulären Selbstlauf einer Entgegensetzung von Theorie des
Individuums versus Theorie der Gesellschaft zu verfallen?

Wie weit reicht die Kritik an der Annahme eines vorab gegebenen Individuums, "mit dem nachträglich in der Erziehung etwas geschieht", wenn D.KAMPER die Rückwirkung der

gesellschaftstheoretisch nur vage bestimmten Resultate
menschlicher Beziehungen auf das Individuum untersucht?

Transportiert die Kritik an der ursprünglichen Macht des
Individuums als <u>anthropologische</u> Kritik nicht selbstredend die neue/alte Hoffnung auf eine Natur des Menschen,
welche 'von außen' die beschriebene Dichotomie denkend
aufbrechen kann, - gleich einer natürlichen Reflexionsfähigkeit, die den "zwanghaften Mythos der Aufklärung"
aufzulösen imstande ist?

Zur Beantwortung dieser Fragen ist es wichtig, den von
D.KAMPER anvisierten Begriff einer Reflexivität (nicht:
Reflexion), die Teil der konstitutiven Strukturen der
Menschen darstellt, zu diskutieren. An dieser Stelle
soll es jedoch ausschließlich um die Nutzbarmachung der
dargestellten paradigmatischen Kritik für die Analyse
der Erziehungstheorie gehen.

1.3 Erziehungstheoretische Erklärung von Gesellschaft oder gesellschaftstheoretische Begründung von Erziehung ?

In diesem letzten Teil des ersten Kapitels gilt es, den
eingangs formulierten Anspruch einzulösen, Hinweise auf
eine in der pädagogischen Theorie "bisher nicht gedachte Realität" (L.ALTHUSSER) herauszuarbeiten. Das dazu
benutzte Verfahren besteht in einer Dechiffrierung von
Wirkungsspuren eines vermuteten, aber von der Pädagogik
nicht gewußten Zusammenhangs ihrer Erkenntnisobjekte.
Dieser 'andere' Kontext ist als theoretische Problema-

tik vorstellbar[1], die als "dominierende Struktur" das
pädagogische Terrain ordnet und begrenzt.[2]
Angenommen ist, daß diese "Struktur" jener Verfassung
der sozialen Realität nahekommt, die sich nach D.KAMPER
hinter dem Rücken der sich autonom wähnenden Individuen
durchsetzt - Ausdruck dafür, daß sie von diesen nicht
adäquat gedacht wird.

Die nochmalige Sondierung des erziehungstheoretischen
Materials erfolgt in drei Schritten: Das Augenmerk gilt
zunächst der erziehungspolitischen Programmatik und ihren
Hinweisen auf eine zweideutige Realität. Danach folgt
eine Überprüfung der zirkulären Argumentationsweise und
schließlich wird versucht, die Spuren eines immanenten
Gesellschaftsverständnisses zu sichern.

1.3.1 Erziehungspolitische Programmatik als
       pädagogische Wirklichkeitsbewältigung

In beispielhafter Manier folgt die Erziehungstheorie ihrem
"natürlichen politischen Anspruch" als Reformtheorie in
einer Stellungnahme von Mitgliedern der DEUTSCHEN GESELL-
SCHAFT FÜR ERZIEHUNGSWISSENSCHAFT zu den neun Thesen des

---

1 Zu beachten ist, daß nach ALTHUSSER das Denken niemals mit der "Realität" als solcher zu tun hat, sondern immer schon eine gedachte, verbalisierte und abstrahierte Realität vorfindet. Das schließt eine Trennung von "Realobjekt" und "Erkenntnisobjekt" mit ein; Erkenntnis ist demnach ein Prozeß der Annäherung des Erkenntnisobjektes an das Realobjekt, unter Dominanz des Realobjekts (vgl. L.ALTHUSSER, in L.ALTHUSSER/E.BALIBAR,1972). Von der Erkenntnis, daß kein direkter Weg zum Gegenstand selbst führt, gehen auch die metatheoretischen Begründungsversuche der Erziehungswissenschaften aus.

2 Im einleitenden Kapitel wurde dafür die Metapher des "doppelten Bodens" benutzt.

im Januar 1978 veranstalteten Forums "Mut zur Erziehung".[1]
Der bildungspolitische Anlaß und die thesenartige Fassung
der "Stellungnahme" schmälern in keiner Weise den typischen Charakter der bündig gefaßten Argumente.

Ein begrifflich ungeordnetes Nebeneinander von allgemein
politischen Aussagen, Aussagen über die Geltung von Werten und spezifisch historischen Aussagen kennzeichnet
sowohl die "Thesen" wie die Erwiderung und kann unter
konsistenztheoretischen Gesichtspunkten kritisiert werden, was an dieser Stelle aber nicht von Belang ist. Die
Antithesen verfolgen den Anspruch, der "politischen und
moralischen Diskreditierung" von Begriffen wie "Glück,
Mündigkeit und Gleichheit" in den als konservativ etikettierten Thesen "Mut zur Erziehung" mit Argumenten zu begegnen, welche diese Begriffe als "zentrale Leitbegriffe
unserer Gesellschaft und Erziehung" ausweisen.

- Die Hoffnung auf eine zukünftige "vollkommene Realisierung der bürgerlichen Freiheit" wendet sich gegen die
Zweifel am pädagogischen Ideal der Mündigkeit, wie sie
in These 1 formuliert sind.

- Der Kritik an unbestimmten Glücksansprüchen (These 2)
wird ein Glück, das nicht nur "aus der Pflichterfüllung
kommt", als "erstrebenswertes Ziel" vorgehalten.

- In der Bestärkung von "Tugenden des Fleißes, der Disziplin und der Ordnung" sieht die Kritische Erziehungswissenschaft in ihrer Entgegnung zur dritten These die
Gefahr, daß "unter dem Druck von Jugendarbeitslosigkeit
und Numerus clausus" die schon vorhandene Bereitschaft

---

[1] Vgl. die 'Tübinger Erklärung zu den Thesen des Bonner Forums "Mut zur Erziehung"',1978; vgl. auch D.BENNER u.a.,1978

zu "unkritischer Anpassung und Unterordnung" noch vergrößert wird. Sie stellt deswegen die Forderung nach "realistischen und vernünftig begründbaren Regeln eines menschlichen Umgangs" und nach "Tugenden des Zusammenlebens" wie "Wahrhaftigkeit, Hilfsbereitschaft u.a.".

- "Sollen die Jugendlichen den Sinn des Bestehenden erfahren", fordert die vierte Antithese, "so muß man ihnen mehr Möglichkeiten zu verantwortlichem und gesellschaftlich bedeutungsvollem Handeln eröffnen."

Die Aufzählung der ersten vier Antithesen genügt, um den Charakter der Argumente als primär erziehungspolitische Forderungen zu verdeutlichen, die sich gegen die Thesen "Mut zur Erziehung" wenden.
Die Argumentation orientiert sich an dem, was sein soll. In der antithetischen "Stellungnahme" wird dies durch die Bezugnahme auf das "Erziehungsideal der Aufklärung" ausdrücklich formuliert. Hier drückt sich politisch aus, was theoretisch bereits angelegt ist.
In diesem Kontext lassen sich Erziehungsziele wie Mündigkeit und Emanzipation konsequenterweise nicht mehr als richtig oder falsch beurteilen; es bleiben politische Forderungen, die in einem politisch moralischen Standpunkt begründet sind.[1]

Der Verwirklichung eines Ideals steht offenbar eine besonders geartete Realität entgegen, wenn auch nicht unumstößlich. Aufschlußreich ist der Gebrauch des Wortes

---

1 Die ALTHUSSERsche Unterscheidung zwischen einer theoretischen und einer politischen Praxis scheint mir an dieser Stelle nicht zu treffen. Auch die politische Praxis ist eine theoretische Praxis, insofern sie Mittel und Ziele verknüpft. Eine Differenz zwischen einer wissenschaftlichen und einer politischen Praxis besteht jedoch darin, daß politische Praxis theoretisch instrumentalisierend verfährt, während wissenschaftliche Praxis sich bewußt der theoretischen Kritik und Relativierung aussetzt.

'theoretisch' in diesem Zusammenhang: 'Theoretisch' erhält den Sinn von 'hypothetisch', 'idealerweise', eine auch in anderen Sozialwissenschaften nicht unübliche Verkürzung des semantischen Gehalts, deren Funktion offenbar darin liegt, einen Gegensatz auszudrücken zur 'realen Entwicklung', 'eigentlichen Wirklichkeit' oder 'gesellschaftlichen Praxis'. Das Theoretische wird zu dem, 'was vorstellbar wäre'.[1]

Verkompliziert wird dieses Modell von Ideal und schlechter Wirklichkeit durch die Behauptung einer 'ursprünglichen Wirklichkeit'. Sie ist die Wirklichkeit unter Abzug der die Ideale verhindernden Wirklichkeit und wird meist an der Stelle ins Spiel gebracht, wo historische Betrachtungen über das Entstehen hinderlicher Mechanismen und Verhältnisse angestellt werden.
Hält man diesen Umgang mit Wortbedeutungen nicht nur für ein Problem der präzisen Ausdrucksweise, so stellt sich die Frage, was ist der Gehalt der 'wirklichen Wirklichkeit'?

Die Beantwortung der Frage nach der besonderen Realität, die gleichermaßen Ausgangspunkt erziehungspolitischer Forderungen wie Ziel emanzipatorischer Programmatik ist, muß, soll eine Objektivierung erreicht werden, eine Erklärung von Idealen und moralischen Interessen zum Inhalt haben.
Wie an dem erziehungspolitischen Charakter der "Stellungnahme" zu den Forumsthesen zu sehen ist, führt eine dualistisch angelegte Argumentationsweise (Emanzipation versus Herrschaft, Aufklärung versus überlieferte Geltung usf.) zu einer Kontroverse ohne entscheidbares Ende, die auch durch den bloßen Hinweis auf 'die Realität'

---

1 Vgl. als herausragendes Beispiel W.LEMPERT,1973

nicht beendet werden kann. Hier zeigt sich lediglich, daß die bessere Moral (Politik, Erziehung) sich ihrer Realität immer sicher ist.

Die Analyse der erziehungspolitischen Programmatik zeigt darüberhinaus, daß dem eindeutigen Ideal eine zweideutige 'Realität' entgegensteht. Der pädagogischen Theorie gelingt es nicht, gute und schlechte Wirklichkeit, Ideal und 'reale Entwicklung' systematisch konsistent zu formulieren. Der Benennung von restringierenden gesellschaftlichen Bedingungen folgt keine Erklärung. Das Fehlen einer gesellschaftstheoretischen Begründung wird zum Charakteristikum, das seinerseits einen Erklärungsanspruch stellt. Die Formulierungen des bildungspolitischen Programms der Kritischen Erziehungswissenschaft bestärken die These einer in ihnen enthaltenen 'nicht gedachten Realität', ohne daß schon näheres über die Verfassung dieser 'anonymen Strukturen' bekannt wäre.

1.3.2 Das Dilemma der pädagogischen Anthropologie

In der Überschrift eines vorhergehenden Abschnitts wurde die "Befreiung des Individuums zu sich selbst" als programmatische Kurzformel für die besondere Aufgabe der pädagogischen Wissenschaft und Erziehungspraxis zitiert. Gemäß diesem Motto richtet die emanzipatorische Pädagogik ihre Aktivitäten auf die Selbstentfaltung der Subjekte aus, gleich, ob es sich um wissenschaftliche, politische, therapeutische oder andere Aktivitäten handelt. Einigkeit besteht bei ihren Vertretern darüber, daß Freiheit und Selbstverwirklichung des Menschen möglich sein

soll.
Dieser Konsens beinhaltet zweierlei. Zum einen ist damit die von D.KAMPER pointiert kritisierte 'innere Natur' des Menschen gesetzt, die allein als 'vernünftiger' Maßstab der Selbst-Entwicklung dienen soll. Zum anderen ist diese 'eigentliche' Bestimmung des Menschen gleichzeitig als Postulat formuliert, worin ein theoretisches Dilemma sichtbar wird: Der Mensch wird als das genommen, was er sein soll, - oder: Das Individuum ist so frei und mündig, wie es mündig und frei sein soll.

In diesem "Dilemma der pädagogischen Anthropologie"[1] zeigt sich das oben dargestellte bessere Wollen der emanzipatorischen Erziehungswissenschaft grundsätzlich befangen.
Eine Verschärfung dieser Widersprüchlichkeit erfährt das pädagogische Programm durch eine _Erweiterung_ der Problematik "Selbstverwirklichung des natürlichen Menschen" in Form des Problems "Gesellschaft" oder "gesellschaftlicher Rahmen". Die Kernforderung lautet jetzt: "Verwirklichung der Bedürfnisse der Individuen im gesellschaftlichen Rahmen". Scheinbar ist damit der theoretische Bruch zwischen der natürlichen Bestimmung des Menschen und dem, was er wirklich ist, überbrückt: Gesellschaftliche Bedingungen treten zwischen die vorausgesetzte Natur und ihre Realisierung im Zögling.

Bei genauerem Hinsehen reproduziert diese Erweiterung um die gesellschaftliche Dimension jedoch einen ähnlichen Widerspruch: Handelt es sich doch um die Mündigkeit verhindernden Bedingungen einer "freiheitlich-demokratischen Gesellschaft" (W.KLAFKI), die ihrerseits wesensmäßig konstituiert wird durch den mündigen Einzelnen, d.h. selbst erst durch mündiges Verhalten der Ge-

---

1 Vgl. P.R.STRAUMANN,1977, S.4 f.

sellschaftsmitglieder zustande kommt. Die zirkuläre
Argumentationsstruktur wird manifest.

Festzuhalten sind die zwei treibenden, doppelt widersprüchlichen Momente dieses Kreises: Das zu befreiende, mündige Individuum und die Freiheit beschränkende, freiheitlich-demokratische Gesellschaft. Beide setzen einander wechselseitig voraus.
Das zieht die genannten Konsequenzen für die pädagogische Aufgabenstellung nach sich. Erziehung kann sich nicht mehr darauf verlassen, daß die freie und ungehinderte Entfaltung der Natur des Menschen durch eine entsprechend 'vernünftige' Edukation ausreichend gewährleistet werden kann. Das pädagogische Kalkül bezieht sich nicht mehr nur auf den Einzelnen, sondern durch pädagogisches Engagement soll auch gesellschaftliche Harmonie garantiert werden, ohne die das gesteckte Erziehungsziel wiederum nicht erreicht werden kann.

Schließen Individuum und Gesellschaft als Verweisungspole immer wieder den argumentativen Kreis, so ist doch eine unterschiedliche Pointierung der Pole festzustellen. Im Zuge der Parteinahme für die Bedürfnisse des individuellen Menschen gerät das zirkuläre Pendant, die Gesellschaft, vorwiegend zur Rahmenbedingung. Es nimmt deswegen nicht Wunder, daß ein pädagogisch 'Eigentliches', die Entfaltung des Zöglings, im Spannungsfeld zwischen Individuum und Gesellschaft im Vordergrund steht.

Begriffe des individuellen Nutzens, der Bedürfnisse, des Interesses bestimmen das theoretische Terrain aber auch dort, wo Gesellschaft als äußerer Rahmen Gegenstand ist. Soziale Verhältnisse müssen demnach der Willkürlichkeit oder Zufälligkeit individuellen Verhaltens oder persönlicher Bedürfnisse unterliegen. Von Psychologismus ist ausdrücklich zu sprechen, wenn "gesellschaftliche

Interessen", die sich qua politischer Herrschaft durchsetzen, den gleichen Status erlangen wie individuelle Interessen der einzelnen Menschen.
Mit einer solchermaßen erweiterten pädagogischen Verantwortung "für das Ganze" geht eine "Pädagogisierung gesellschaftlicher Verhältnisse" (P.R.STRAUMANN) einher, die auch den Anspruch auf eine erziehungswissenschaftliche Richtlinienkompetenz im Konzert der sozialwissenschaftlichen Disziplinen erklärt.[1]

Die individuumszentrierte, pädagogisierende Sicht schließt aber paradoxerweise nicht aus, daß Gesellschaft "auch" als externer Effekt, als dem Individuum Äußerliches, eigenen Einfluß auf seine 'innere Entwicklung' gewinnt. Zu bestimmten Anlässen wird die Kompetenz des Subjekts auf gesellschaftliche Mechanismen übertragen. Die sichtbare Inkonsistenz erzeugt eine Ausweglosigkeit, die ungewußt in der Vokabel "ständiges Wechselverhältnis" fortwährend eingestanden wird. Über alle formallogischen und konsistenztheoretischen Einwände hinaus ist in gesellschaftsanalytischer Absicht nach den Existenzbedingungen des Kreises und seiner Widersprüchlichkeit zu fragen.

1.3.3 Die 'andere Realität' im pädagogischen Diskurs

Die Pointe der hermeneutischen Pädagogik besteht darin, daß sie eine freie und vernünftige soziale Ordnung am besten realisiert sieht, wenn jeder einzelne vernünftig

---

[1] Vgl. B.KRONER, 1980

erzogen ist, nach dem Wahlspruch, "je heller der Einzelne, desto heller das Ganze."[1]

Mit dem Hinweis auf Geschichte und bestehende Herrschaftsverhältnisse weist die kritische Erziehungswissenschaft einen solchen harmonisierenden Effekt der Charaktererziehung des Menschen zurück. Ihr Einwand, vernünftige Erziehung sei nur in einer vernünftigen Gesellschaft realisierbar, macht sie zum Parteigänger einer Verbesserung sozialer Verhältnisse in Richtung auf mehr Freiheit und Demokratie. Die Kritik an der Vorstellung von einer sich autonom durchsetzenden, quasi-naturhaften Harmonie gerät allerdings halbherzig, wird doch im selben Atemzug von einer gesellschaftlichen Ordnung gesprochen, die lediglich getrübt ist durch "überflüssige Herrschaft" von Menschen über Menschen (H.BLANKERTZ) und "soweit wie möglich" durch erzieherisch-politisches Handeln" (Ch.WULF) und verwirklichte Emanzipation abgebaut werden soll, um damit der 'theoretischen' harmonischen Ordnung zum 'praktischen' Durchbruch zu verhelfen.

Die implizite gesellschaftstheoretische Auffassung verweist trotz der beschworenen, Emanzipation verhindernden Bedingungen auf ein Modell der sozialen Harmonie.[2] Die konstatierte Mangelhaftigkeit erscheint charakteri-

---

[1] Vgl. Th.W.ADORNO,1959, S.171; ADORNO kritisiert in diesem Aufsatz auf prägnante Weise die philosophische Bildungsidee der Aufklärung, hält aber an der geschichtsbewegenden Relevanz von Bildung fest, sofern sie im Gewande subversiver, gesellschaftskritischer Erkenntnis auftritt.

[2] Vgl. die "Stellungnahme" zur achten These des Forums "Mut zur Erziehung", in deren Gegenstandsbestimmung dies zum Ausdruck kommt : "Wir wenden uns gegen jeden Versuch, wie so oft in der neueren Schulgeschichte im Namen erzieherischer Werte ein Programm zu formulieren, das den politischen und sozialen Frieden durch Beschneidung der Einsichtsfähigkeit zu erhalten sucht". - Die Theorie einer stabilen sozialen Ordnung trotz widersprüchlicher Verfassung der sozialen Realität geht auf die Kritische Theorie der 'Frankfurter Schule' zurück.

stischerweise als Abweichung vom eigentlichen harmonischen Zustand, als Ausnahme von der Regel, als Sonderfall. Dies steht in purem Gegensatz zur Bedeutung der Disharmonie oder schlechten Realität innerhalb der theoretischen Systematik. Gerade weil die Ausnahme der Regelfall ist, muß Emanzipation als andauernder Prozeß der Annäherung an einen nicht erreichbaren zukünftigen Zustand gelten. Die Diskrepanz zwischen einer fortwährend schlechten Wirklichkeit und der hypostasierten besseren Möglichkeit aufzuheben, wird zur nicht enden könnenden Aufgabe der emanzipatorischen Pädagogik.
Dieses Schwanken zwischen einer (unwirklichen) sozialen Harmonie und der Abweichung davon prägt einen Theorietypus, der fortwährend einheitsstiftend die Kategorie der Normalität bemüht, gleichzeitig jedoch sämtliche Handlungsstrategien als Interventionsmaßnahmen gegen den Ausnahmezustand begreift. Nach der paradoxen Maxime, 'die Normalität funktioniert immer, wenn sie nicht funktioniert, dann muß interveniert werden'.

Nicht verwunderlich bemüht eine solche Argumentation überhistorische Bezüge, in denen Emanzipation als Prozeß der Auseinandersetzung mit der äußeren Natur, mit dem Ringen der Menschen untereinander um die knappen ökonomischen Ressourcen "seit Menschengedenken" gleichgesetzt wird. Emanzipation ist zum evolutionstheoretischen Schema der Menschheitsgeschichte geronnen, Geschichte wird selbst zur Illustration eines überhistorischen Sachverhalts, zum Ausdruck eines sich durchsetzenden Prinzips.

Für die vorliegende Untersuchung muß dies heißen, die theoretischen Risse der zirkulären Erklärung und den nicht erklärten disharmonischen Regelfall in das gesellschaftsanalytische Visier zu nehmen. In der per-

manenten Störung einer 'vernünftigen' Erziehung zeigt
sich die Wirkungsweise einer bestimmten Verfassung der
gesellschaftlichen Ordnung.

Implizit, aber ungewußt, spricht die emanzipatorische
Erziehungstheorie den gesellschaftlichen Grund ihres
Dilemmas selbst aus. Wie ein roter Faden ziehen sich
Begriffe des Wandels und der Veränderung durch die
Argumentationen. Bestehende "alte Ordnungen" sollen
"abgebaut", "beseitigt", "verringert" werden; individuelle Bedürfnisse werden zum Ausgangspunkt einer "erforderlichen Umstellung", einer "Umwandlung". Emanzipation wird als "Prozeß", "Tendenz", "Entwicklung" gefaßt, der "historische Wandlungen" oder den "Lauf der
Geschichte" zum Ausdruck bringt.
Curriculumentwicklung beispielsweise wird zum Problem
der fortwährenden Anpassung an "veränderte Bedingungen",
an die sich kontinuierlich erweiternden Forderungen
des "sozialen Wandels" an den individuellen Kenntnis-
stand. Ein "immer schnellerer Wandel von Lebens- und
Arbeitsverhältnissen und eine damit verbundene kultu-
relle Erosion"[1] gerät zur quasi selbstverständlichen
Voraussetzung aller Überlegungen. Eine Annahme, die
nicht weiter erklärt wird, aber schlaglichtartig eine
gesellschaftliche Realität beleuchtet, die sich nicht
pädagogisieren läßt und entgegen emanzipatorischer
Wünsche das Gesetz des Handelns bestimmt.

Näheres über diese soziale Realität und die von ihr
erzeugten Anpassungsprobleme zu wissen, erscheint von
ausschlaggebender Bedeutung, müßte sie doch der systematische Ausgangspunkt der emanzipatorisch interessier-

---

[1] Vgl. die "Stellungnahme" zur These neun des Forums "Mut zur Erziehung"

ten Pädagogik sein, und nicht das vielzitierte "kritisch Subversive" der neuhumanistischen Bildungsidee oder eine wie immer geartete "gesellschaftlich vorgegebene Wertstruktur". Die pädagogische Reaktion auf den "Wandel" oder "Fortschritt der gesellschaftlichen Wirklichkeit" bewegt sich im üblichen, widersprüchlich ausweglosen Rahmen: Selbstverwirklichung als Emanzipation von gesellschaftlichen Zwängen und praxisnahe Ausbildung zur Anpassung an berufliche Anforderungen sind als sich gegenseitig ausschließende Forderungen gestellt. Das individualtheoretische Paradigma der emanzipatorischen Theorie erfährt seine Grenzen durch den bloßen Hinweis auf Beschäftigungsprobleme und Einkommensverhältnisse als mögliche Ursache gesellschaftlicher Ungleichheit.

Die Defizite der erziehungstheoretischen Erklärung transportieren allerdings eine Fülle von Material für eine Analyse jener sozialen Realität, die offenbar nicht gemäß pädagogischer Wunschvorstellungen funktioniert und als 'Leerstelle' auf eigentümliche Weise den pädagogischen Diskurs bestimmt.
Der soziale Gehalt der Anforderungen an das Individuum, wie er unbegriffen in der pädagogischen Diktion aufscheint, ist zu erklären. Ebenso die schizophren anmutende Bestimmung des einzelnen Menschen, einmal als autonomes Subjekt, einmal als abhängiges Element des gesellschaftlichen Rahmens. Wie dieses Problem als "doppelte Existenz" des bürgerlichen Menschen (K.MARX) zu begreifen ist, wird zu Anfang des nächsten Kapitels darzustellen sein.

Das, was die Kritische Erziehungswissenschaft in ihren Antithesen zum Forum "Mut zur Erziehung" selbst als Kritikfähigkeit definiert, aber nicht einzulösen imstande ist, "den Sinn und die Grenzen des Vorgegebenen zu verstehen", soll als leitender Anspruch für die folgenden Ausführungen seine Gültigkeit behalten.

2 Zur Erklärung gesellschaftlicher Realität

Wenn sich die Begründung der Vernünftigkeit durch einen spekulativen Glauben an sie als nicht mehr haltbar erweist, kann ihr auch durch demokratietheoretische Argumente nicht mehr auf die Beine geholfen werden. Der einheitsstiftende Bezug auf eine abendländische (Vernunfts-) Geschichte oder auf 'akzeptierte Werte einer modernen Gesellschaft' kann allenfalls politische, aber keine wissenschaftliche Gültigkeit beanspruchen.

Wie gesellschaftliche Realität zu denken ist, ohne ein absolutes Wissen vorweg zu postulieren, ist das Problem von Gesellschaftswissenschaften, die den direkten empirischen Zugriff auf 'Wirklichkeit' als falsche Alternative begreifen.[1]

Mein Versuch der Grundlegung eines vermuteten doppelten Bodens von Realität hat den Vorteil für sich, die beschriebenen Widersprüchlichkeiten, Paradoxien, Tautologien nicht harmonisieren zu müssen, da sie als Ausdruck sozialer Verhältnisse das doppelbödige Erklärungsschema begründen. Als Zerrbilder, kontrafaktische Erscheinungen, Leerstellen oder Verkehrungen finden sie dort ihren spezifischen Platz. Diese theoretische Orientierung stellt eine Chance dar, die praktizierte Ideologie genauso wie die ideologisierte Praxis und den notwendigen Zusammenhang zwischen beiden erklären zu können.

Das folgende Unternehmen ist als ein Versuch zu bezeichnen, mit MARXschen Erkenntnissen über Gesellschaft einer

---

[1] Leitmotivisch kennzeichnet diese Problemstellung die zitierten Arbeiten von L.ALTHUSSER, der das absolute Wissen auch nicht als Wissen der kommunistischen Partei wiederaufstehen lassen möchte.

gesellschaftstheoretischen Erklärung des Erziehungsdenkens und Erziehungshandelns näherzukommen. Mit der verbreiteten Lagermentalität kapitalanalytischer Beiträge, die den gesellschaftstheoretischen Elefanten MARX durch den einzelwissenschaftlichen Porzellanladen stampfen lassen, wäre die gestellte Aufgabe hingegen nicht angemessen zu lösen.

2.1 Die Rückführung aller menschlichen Verhältnisse auf den Menschen selbst

In seiner im nachhinein verfaßten 'Einleitung - Zur Kritik der Hegelschen Rechtsphilosophie' bezeichnet K.MARX die Kritik der Religion als eine Voraussetzung für die Untersuchung der "wahren Wirklichkeit" des Menschen (MEW 1, 378 ff.). Die Religionskritik führt demnach Glück und Unglück des Menschen auf den Menschen selbst zurück und macht keine überirdischen Bedingungen verantwortlich für die Ergebnisse menschlichen Tuns. Und "<u>der Mensch</u>, das ist <u>die Welt des Menschen</u>, Staat, Sozietät" (ebd.). Der Kritik der Religion muß deswegen die Kritik des Rechts und der Politik folgen, in ihrer Verfassung müssen die Gründe für die Existenz religiöser und anderer Illusionen über menschliche Zustände aufgefunden werden.
Die Kritik der Religion impliziert eine Kritik der Philosophie, da "die Philosophie nichts anderes ist als die in Gedanken gebrachte und denkend ausgeführte Religion; (...) also ebenfalls zu verurteilen ist" (MEW Ergb.I,569).

In seiner ersten längeren theoretischen Abhandlung "Zur Kritik der Hegelschen Rechtsphilosophie" geht K.MARX beide Aufgaben gleichzeitig an: Erstens, die Kritik der Philosophie als eine gegen die Hegelsche Spekulation gerichtete Kritik; zweitens die Kritik des Staates, des Rechts, der Gesellschaft.[1]

Nach MARXens Auffassung liegt "das Tiefere bei Hegel" darin, daß er den Konflikt und den Widerspruch zwischen bürgerlicher Gesellschaft und Staat darstellt. Die bürgerliche Gesellschaft ist demnach die Sphäre des Privategoismus, des Kriegs eines jeden gegen jeden, während der Staat das Allgemeine und Verbindende repräsentiert. Der Staat garantiert das Ausleben der besonderen Interessen, wodurch "der Privategoismus als das Geheimnis des Patriotismus der Bürger verraten wird" (MEW 1,244). Die Angelegenheiten des Staates sind insofern tatsächlich die Angelegenheiten aller, die in Form von gesetzlichen Rechten formuliert sind.

HEGEL stellte sich das Problem einer gemeinsamen Identität des verselbständigten Allgemeinen im Staat und des Individuellen, Besonderen der Gesellschaft. "Er will keine Trennung des bürgerlichen und politischen Lebens" (ebd.,277). Seine Lösung, den Widerspruch zwischen Staat und Gesellschaft - dem allen gemeinsamen Willen und besonderem Interesse - in eine "allgemeine abstrakte Idee des 'Organismus'" aufzulösen, wird von MARX als spekulativ kritisiert.

HEGEL suchte das Besondere aus der 'allgemeinen Idee' herzuleiten, aber in Wirklichkeit maß er das Besondere an der Idee. Die Erklärung der Gegenstände Staat und Gesellschaft erfolgte nach einer vorab existierenden Illusion über ein gemeinsames Wesen dieser Erkenntnisobjekte, eine Illusion, die sich über das wahre Wesen der Dinge täuscht. Die Auf-

---

1 Ein Jahr später, in der Vorrede zu den 'Ökonomisch-philosophischen Manuskripten aus dem Jahr 1844' bemängelt MARX an seiner eigenen Schrift die "das Verständnis erschwerende Vermengung beider Kritiken" (vgl. MEW Ergänzungsband 1, S.467). - Zur Darstellung des theoretischen Umfeldes des 'jungen MARX' vgl. D.McLELLAN,1974

lösung der Trennung zwischen Allgemeinem und Besonderem ist nur zum Schein geglückt. - So lautet die Kritik von K.MARX am HEGELschen Staatsrecht. Es gelte dagegen, den von HEGEL zu Recht festgestellten Widerspruch als "wesentlichen Widerspruch" weiter zu analysieren und zu erklären. Dies geschieht, indem an den Gegenständen Staat, Religion, Gesellschaft, Politik direkt angeknüpft wird und nicht in der Weise, ihnen "irgendein (Vernunft-) System (...) fertig entgegenzusetzen. Die Vernunft hat immer existiert, nur nicht immer in der vernünftigen Form. Der Kritiker kann also an jede Form des theoretischen und praktischen Bewußtseins anknüpfen und aus den eigenen Formen der existierenden Wirklichkeit die wahre Wirklichkeit als ihr Sollen und ihren Endzweck entwickeln".[1]

In der im selben Jahr 1843 geschriebenen Abhandlung 'Zur Judenfrage' gelingt K.MARX eine für seinen Erkenntnisgang zwar vorläufige, aber für die Kritik an philosophisch-anthropologischen Konstrukten[2] schon aussagekräftige Präzisierung seiner gesellschaftsanalytischen Betrachtungen.

---

[1] K.MARX, Briefe aus den 'Deutsch-Französischen Jahrbüchern', in MEW 1,S.344 f.

[2] - Die in Erziehungstheorien zum festen Inventar gehören.

2.1.1 Die Spaltung des Menschen in Privatier und politischen Bürger als Ausdruck politischer Emanzipation

"Zur Judenfrage" (MEW 1,347 ff.) ist eine Rezension zweier Veröffentlichungen des ehemaligen Dozenten und Diskussionspartners von K.MARX, BRUNO BAUER. Stellt die Religionskritik das Gemeinsame zwischen beiden dar, so unterscheiden sie sich durch den nach MARX analysierten Zusammenhang zwischen religiöser und weltlicher Entfremdung des Menschen. Nach ihm ist nicht die Emanzipation von der Religion eine Voraussetzung zur Aufhebung der Entfremdung überhaupt, wie B.BAUER meint, sondern umgekehrt. K.MARX illustriert dies durch den Hinweis auf die "nordamerikanischen Freistaaten", in denen die Religionsfreiheit verwirklicht ist, ohne daß das religiöse Bewußtsein dadurch verschwunden wäre. Die Religion wurde aus dem öffentlichen Recht in das Privatrecht verlegt, der christliche Staat wurde säkularisiert zum "vollständig ausgebildeten politischen Staat", der alle persönlichen Unterschiede (Geburt, Stand, Bildung, Besitz, Religion) zu "unpolitischen Unterschieden" erklärt und gar nicht beabsichtigt, diese Unterschiede aufzuheben.

Die _politische_ Aufhebung von Gegensätzen zwischen den Bürgern ist also nicht die Emanzipation von Ungleichheit schlechthin, sondern bezeichnet lediglich die höchste Form von Emanzipation, die der Mensch als Staatsbürger im _bürgerlichen Staat_ erreichen kann. MARX nennt diese Art, sich auf politisch-juristischer Ebene als Gleiche anzuerkennen, die verwirklichte "politische Emanzipation".

Die _politische_ Aufhebung der Ungleichheit setzt nach MARX die faktischen Unterschiede des Besitzes, der Religion usf. gerade voraus.

Wir haben hier die gleiche Problemstellung, wie sie schon in der MARXschen Kritik des HEGELschen Staatsrechts existiert. Den Widerspruch zwischen dem Staat als politischer Allgemeinheit und dem besonderen Menschen als Mitglied der bürgerlichen Gesellschaft fixiert MARX in der 'Judenfrage' als "_weltliche_ Spaltung zwischen dem _politischen_ Staat und der _bügerlichen_ Gesellschaft" (ebd.,355). Dieser bedeutsame Widerspruch zwischen Allgemeininteresse und Privatinteresse ist das Kernproblem der 'Judenfrage'. Diesen Widerspruch zu erklären und nicht wie HEGEL ideell aufzuheben, ist MARXens Anspruch.

Er beschreibt die Implikationen dieser widerspruchsvollen politischen Emanzipation des Menschen. Demnach führt der Mensch "nicht nur im Bewußtsein, sondern in der _Wirklichkeit_" ein doppeltes Leben. Die Analyse der widersprüchlichen bürgerlichen Existenz, einerseits Privatmensch mit jeweiligen Sonderinteressen, andererseits politischer Staatsbürger, d.h. Unterwerfung unter ein Recht, welches ihm die Abstraktion von seinen Sonderinteressen abverlangt, da er die anderen als Gleiche anerkennen muß, kritisiert eine Gesellschaft, die derartige Formen hervorbringt. Es ist eine Gesellschaft, in der sich das Individuum einem äußeren Zwang fügen muß, um sein Sonderinteresse verfolgen zu können.[1] Eine andere, widerspruchsfreie menschliche Emanzipation wird innerhalb der bürger-

---

[1] Das Sonderinteresse bezieht sich auf die bürgerliche Individualität des gesellschaftlichen Menschen, der als Privatmensch "die anderen Menschen als Mittel betrachtet, sich selbst zum Mittel herabwürdigt" (ebd., S.355) und ist etwas anderes als die Einzigartigkeit des Menschen, wie sie angesprochen ist, wenn von jeglicher gesellschaftlicher Daseinsform abgesehen wird.

lichen Ordnung von K.MARX ausgeschlossen, d.h. diese gespaltene Existenz besteht, solange die bürgerliche Gesellschaft besteht.

Die in dieser Gesellschaft erreichte politische Emanzipation bezeichnet MARX als die letzte Form der menschlichen Emanzipation innerhalb "der bisherigen Weltordnung" (ebd.,356). Es nimmt nicht Wunder, daß von den Protagonisten dieser Weltordnung die widersprüchliche Gleichheit der Menschen für unüberschreitbar und für die letztmögliche Emanzipation gehalten wird. Diese Auffassung manifestiert sich in den sogenannten 'Menschenrechten', wie sie im Anschluß an die französische Revolution von 1789 zum ersten Mal formuliert wurden.

Welches ist der Mensch der Menschenrechte? All seinen Bestimmungen in den verschiedenen Verfassungsartikeln nach ist es der Mensch in seiner Eigenschaft als Mitglied der bürgerlichen Gesellschaft, als "auf sich ruhende Monade", die im Recht auf Freiheit das Recht zur Absonderung eines auf sich beschränkten Individuums erblickt und im anderen Menschen die Schranke und nicht die Verwirklichung seiner Freiheit sieht. Dieser nur an seinem Nutzen orientierte Mensch erscheint als der natürliche Mensch, der unter der republikanischen Verfassung zum ersten Mal und in höchster Vollendung er selber sein darf - "willkürlich, ohne Beziehung auf andere Menschen, unabhängig von der Gesellschaft, sein Vermögen (...) genießen und über dasselbe disponieren" darf (ebd.,365).
Daß er als der wahre und eigentliche Mensch gilt, wird unterstrichen durch jenen Teil der 'Menschenrechte', in dem die politischen Rechte des Staatsbürgers formuliert sind. In diesen politischen Staatsbürgerrechten ist der Bezug auf andere, auf Gesellschaft, nur als notwendiges äußeres Band definiert - notwendig für die Erhaltung des Privateigentums und der egoistischen Rechte der Person.

Diese Art der politischen Emanzipation von der materialen Ungleichheit bietet überhaupt die Gewähr dafür, daß die egoistischen Bedürfnisse ausgelebt werden können. Letztere erscheinen als "Naturbasis" des äußeren politischen Rahmens, als Ausdruck des "wirklichen Menschen", wie er <u>ist</u>. Im äußeren Rahmen der politischen Rechte und Pflichten versinnbildlicht sich hingegen der "wahre Mensch", wie er sein <u>soll</u>, "der Mensch als eine allegorische, moralische Person" (ebd.,370). MARX spricht an dieser Stelle von einer "Reduktion des Menschen" auf einzelne Teile durch die politische Emanzipation der bügerlichen Gesellschaft. Äußerlich, im politischen Akt, erschöpft sich die gesellschaftliche und damit selbst-bewußte Tätigkeit des Menschen, während der 'natürliche Mensch' zum unpolitischen Individuum erklärt wird.

K.MARX deutet an dieser Stelle einen denkbaren nachbürgerlichen Zustand der widerspruchsfreien menschlichen Emanzipation an, in dem der Mensch seine individuellen Kräfte als gesellschaftliche begreift und das Gemeinsame nicht mehr in Form des politisch Formalen von sich abspaltet. Voraussetzung für diese Art der Emanzipation wäre die Emanzipation der Gesellschaft vom Geld, wie MARX im zweiten Teil seiner Rezension über den praktischen Kern des Judentums festhält. Geld wird hier erklärt als eine Konsequenz aus dem egoistischen Streben der Individuen, die sich in der bürgerlichen Gesellschaft nach dem "Zerreißen aller Gattungsbande" feindlich gegenüberstehen.

Ausgangspunkt der bisherigen Betrachtungen von K.MARX war der Mensch, der Mensch als gesellschaftliches Wesen oder Gattungswesen, das durch die bürgerliche Gesellschaft in Einzelteile aufgespalten und reduziert wird, wobei die Einzelteile selbst verkehrt werden, insofern der Privategoismus de facto die Oberhand behält über das politisch gesellschaftliche Wesen.[1]

Unterschiede des Besitzes, der Bildung usf. werden bis dahin von MARX vorausgesetzt, ohne eine Erklärung ihrer Herkunft. Die politische Emanzipation der bürgerlichen Gesellschaft wird als notwendiges und gleichzeitig vorletztes Stadium der Menschheitsgeschichte behauptet. Bevor im nächsten Abschnitt dargestellt wird, wie K.MARX seine Analyse von Staat, Recht und Gesellschaft in den 'Ökonomisch-philosophischen Manuskripten' von 1844[2] weitertreibt, kann auf dem Hintergrund der bis zu diesem Zeitpunkt gewonnenen gesellschaftsanalytischen Erkenntnisse eine erste Zwischenbilanz hinsichtlich des sozialen Gehalts der emanzipatorischen Erziehungstheorie formuliert werden:

- Die emanzipatorische Erziehungstheorie wiederholt in ihren Aussagen das Selbstverständnis der bürgerlichen Gesellschaft, wie es von K.MARX in der 'Judenfrage' dargestellt und kritisiert wird.

- Das Postulat einer Erziehung zum "Noch-Besseren" kann erst auf dem Hintergrund einer Trennung in einen privaten, 'wirklichen' und 'wahren', politischen Menschen entstehen.

- Diese Spaltung, in der Pädagogik als Differenz zwischen Natur und Kultur paradigmatisch formuliert und in die menschliche Person als Wesenszug hineininterpretiert[3],

---

1 An einigen Stellen ist auch von der Herrschaft des Privateigentums die Rede, die sich aus dem Privategoismus ergeben hatte.

2 Im folgenden abgekürzt als 'Manuskripte'; vgl. MEW Ergänzungsband 1, S.465 ff.

3 Daß diese Sichtweise sozialphilosophischer Provenienz auch andere Sozialwissenschaften beherrscht, sei hier nur angemerkt.

ist Ausdruck einer Gesellschaft, in der das Gemeinschaftliche äußerlich bleibt und das Egoistische zur Menschennatur wird. Eine Gesellschaft, bestehend aus Millionen von Robinsonen.

- Das isolierte, beschränkte Individuum gilt in dieser Gesellschaft als der natürliche Mensch, dem durch Erziehung die gesellschaftliche Moral als Supplement hinzugefügt werden muß. Das Gattungsleben ist auf einen äußeren Rahmen reduziert, der in der Erziehung als moralisches Ziel anvisiert wird.

- Im ständigen Sollen manifestiert sich die Praxis des moralischen Staatsbürgers. Damit ist die Initiierung einer abstrakten Anthropologie des Menschen gesichert, die, laufend praktiziert, nicht glücken kann. Die strikte Behandlung der Differenz zwischen Ist und Soll als individuelles Problem erhöht die Umlaufgeschwindigkeit der Argumentation im erziehungstheoretischen Zirkel vom 'natürlichen' und vom 'wahren' Menschen.

- Die Emanzipation des Menschen, wie sie in den Menschenrechten artikuliert wird, ist in der bürgerlichen Gesellschaft verwirklicht. Die postulierte Gleichheit ist immer eine formale, äußerliche Gleichheit und wird als solche im täglichen Leben praktiziert.

- Eine weitergehende, widerspruchsfreie Emanzipation ist innerhalb der bürgerlichen Gesellschaft deshalb nicht denkbar. Das emanzipatorische Erziehungsprogramm selbst ist in seiner Abhängigkeit von der gesellschaftlichen Funktionsweise zu erklären.

2.1.2 Die Entfremdung des gesellschaftlichen Wesens des Menschen

BRUNO BAUER hatte sich das Problem der Judenemanzipation als ein Problem des Widerspruchs zwischen christlichem Staat und jüdischer Religion gestellt. K.MARX bewies in seiner kritischen Rezension, daß sich der Widerspruch Staat/Religion nach der bürgerlichen Revolutionierung des Gemeinwesens auf den Konflikt Staat/Voraussetzungen des Staates reduziert, was wiederum nichts anderes als die Spaltung des Menschen in Privatier und Staatsbürger ausdrückt. Die Rückführung aller menschlichen Verhältnisse auf den Menschen selbst macht deutlich, wie das Gemeinwesen als Manifestation des Gattungslebens des Menschen zum bloßen Mittel der Erhaltung der davon abgetrennten individuellen Existenz wird.

Da K.MARX den Menschen als seinem Wesen nach gesellschaftlichen Menschen voraussetzt, läßt sich angesichts der in dieser Gesellschaft praktizierten 'politischen Emanzipation' von einer Entfremdung des Menschen von seinem Wesen sprechen.

Und "den <u>höchsten praktischen</u> Ausdruck der menschlichen Selbstentfremdung" findet MARX im Geld. Das Geld, der Schacher, das Privateigentum sind demnach Konsequenzen jenes vom Gattungsleben abgetrennten egoistischen Privatinteresses, das, obwohl formal dem politischen Willen untergeordnet, zum beherrschenden Wesenszug der Gesellschaft geworden ist. In diesem Sinne spricht MARX in der 'Judenfrage' von der "Herrschaft des Privateigentums und des Geldes".

Die Frage nach dem "allgemeinen Wesen des Privateigentums" ist der Ausarbeitung der 'Manuskripte' vorausgesetzt. MARX beantwortet sie nach "gewissenhaftem Studium der Nationalökonomie" in seiner Analyse der "entäußerten" oder "entfremdeten Arbeit".

Der Begriff der 'entfremdeten Arbeit' ist der dominierende Begriff der 'Manuskripte'. Die Analysen von Privateigentum und entfremdeter Arbeit gelten MARX als "erste Grundlagen", aus denen sich alle anderen nationalökonomischen Kategorien entwickeln lassen. Der entscheidende Unterschied zwischen den 'Manuskripten' und früheren Arbeiten von MARX ist der, daß hier das Thema Gesellschaft - wie später im 'Kapital'- bereits als ökonomisches formuliert ist. Theoretischer Ausgangspunkt ist jedoch weiterhin der Mensch, genauer: der Mensch als Arbeiter.

J.RANCIÈRE (1972) spricht davon, daß in den 'Manuskripten' der Analyse ökonomischer Fakten ein "Referenztext untergeschoben" ist, nämlich "der Text der anthropologischen Kritik". So wie der Mensch Gott produziert und ihm Gott dann als fremdes, aber von ihm geschaffenes Wesen gegenübertritt, so produziert der Arbeiter durch die gesellschaftliche Tätigkeit der Arbeit einen Gegenstand, der sich ihm selbst gegenüber verselbständigt und ihm in Form der fremden Macht des Kapitals gegenübertritt.
Dieser Prozeß der Entfremdung beinhaltet nach J.RANCIÈRE folgende Verkehrung: Das Subjekt Mensch schafft ein Objekt, das - weil es nicht mehr als menschliches Produkt wiedererkannt wird - sich als Subjekt gegen den Menschen wendet und ihn selbst zum Objekt degradiert.

Auf diesem Hintergrund wird verständlich, warum sich MARX die in der 'Judenfrage' geforderte allgemein menschliche Emanzipation in den 'Manuskripten' nunmehr nur als "Arbeiteremanzipation" vorstellen kann. Denn jener Teil der Bevölkerung, der durch seine produktive Tätigkeit den gesellschaftlichen Reichtum schafft, kann durch ein anderes Verhalten seinen Produkten gegenüber die beschriebene Verkehrung aufheben. Da in dem Verhältnis des Arbeiters zur Produktion das empfindlichste und prinzipiellste Knechtschaftsverhältnis der bürgerlichen Gesellschaft enthalten ist[1], gibt es für die Arbeiter aufgrund des damit implizierten Leidens auch genügend Motive für eine ins Werk zu setzende Veränderung der gesellschaftlichen Organisation des Lebens.

Dieser psychologisierende und moralisierende "Marx der Frankfurter Schule" (P.R.STRAUMANN) wäre ohne weiteres durch die Verwendung der später im 'Kapital' entwickelten Begriffe kritisierbar. Von den im 'Kapital' dargestellten Zusammenhängen aus gesehen, entwickelt MARX in den 'Manuskripten' zwar eine neue Fragestellung - statt wie bisher Religion oder Staat ist es hier die Arbeit, mit der die menschliche Entfremdung in Verbindung gebracht wird -, Grundlage ist aber wie in allen vorausgehenden Schriften ein von MARX behauptetes gesellschaftliches Wesen des Menschen, das ihm als anthropologische, moralische Folie für seine Gesellschaftskritik dient.
F.GUTTANDIN (1980) erklärt die Überlagerung des anthropologischen Diskurses[2] durch den polit-ökonomischen Diskurs in den 'Manuskripten' mit einer "kritischen Anknüpfung an die Systeme der klassischen deutschen Philosophie", in denen "die Verwirklichung des Menschen in ein- und demselben Prozeß mit der Verwirklichung seiner sozialen Lebensumstände, d.h. der Gesellschaft und dem Staat angesiedelt"

---

1 Vgl. ebd., S.521

2 "'Anthropologischer Diskurs' meint lediglich, daß MARX auf der theoretischen Ebene der Anthropologie, bzw. der philosophischen Theorien, die versuchen, den Menschen mit Definitionen festzulegen, argumentiert" (F.GUTTANDIN,1980, S.305).

war (ebd.,305).
Den expliziten theoretischen Anknüpfungspunkt in den 'Manuskripten' repräsentiert die nationalökonomische Theorie, hauptsächlich vertreten durch ADAM SMITH und SISMONDI, weniger vertreten durch RICARDO und SAY. Es ist nach MARXens Worten eine Nationalökonomie, die "die Arbeit als ihr Prinzip erkannte", die "die Arbeit als das einzige Wesen des Reichtums entwickelt" (ebd.,531). Sie reflektiert einen gesellschaftlichen Prozeß, welcher der Grundrente als einem Ausdruck des nicht auf Arbeit beruhenden Feudaleigentums "den Todesstoß gibt". Als eine Konsequenz der 'entwickelten Industrie' ist von nun an aller Reichtum und alles Eigentum auf Arbeit zurückzuführen.

Den geschaffenen Reichtum sieht K.MARX allerdings im krassen Gegensatz zum Elend der Produzenten dieses Reichtums. Je mehr Reichtümer diese schaffen, desto ärmer werden sie. Die Nationalökonomie nennt er deswegen eine Wissenschaft des Reichtums wie "des Entsagens, des Darbens, der Ersparung"[1], die eine Reduktion der Arbeit als umfassender Lebensäußerung auf die Gestalt der Erwerbstätigkeit betreibt.[2]

Die MARXsche Kritik dieser theoretischen Fassung gesellschaftlicher Zustände basiert in Anlehnung an HEGEL auf einer Auffassung von Arbeit als umfassender Lebenstätigkeit, in der sich der Mensch als gesellschaftliches Wesen wiedererkennt. Unter bürgerlich-industriellen Verhältnissen ist zwar zum ersten Mal in der Geschichte die menschliche Tätigkeit als Quelle aller Dinge nackt zum

---

[1] "(...) ihr wahres Ideal ist der <u>asketische</u> aber <u>wuchernde</u> Geizhals und der <u>asketische</u> aber <u>produzierende</u> Sklave" ('Manuskripte',S.549).

[2] "Sie betrachtet ihn (den Arbeiter -P.L.F.) nicht in seiner arbeitslosen Zeit, als Mensch, sondern überläßt diese Betrachtung der Kriminaljustiz, den Ärzten, der Religion, den statistischen Tabellen, der Politik und dem Bettelvogt" (ebd.,S.477).

Vorschein gekommen, aber den Menschen gelingt es nicht, die von ihnen geschaffenen Gegenstände als eigene anzuerkennen und in Besitz zu nehmen. Sie unterliegen einer Entfremdung, die von MARX als notwendige Durchgangsphase der Menschheitsentwicklung auf dem Weg zur vollkommenen Wesensentfaltung im Kommunismus bewertet wird.

Der Akt der Entfremdung vollzieht sich unter gegebenen Umständen durch die Arbeit als wesentlichster Tätigkeit des Menschen. Es lassen sich drei Arten von Entfremdung unterscheiden:
Erstens bezogen auf "das Verhältnis des Arbeiters zum Produkt der Arbeit als fremdem und über ihn mächtigen Gegenstand" (ebd.,515). Darin eingeschlossen ist das Verhältnis zur Natur, die dem Menschen, der seinem Wesen nach Teil der Natur ist, jetzt in abgetrennter, fremder Form gegenübertritt. Dies ist die _Entfremdung der Sache_.

Zum zweiten bezogen auf "das Verhältnis des Arbeiters zu seiner eigenen Tätigkeit als einer fremden, ihm nicht angehörigen; (...) sein persönliches Leben (...) als eine wider ihn selbst gewendete, von ihm unabhängige, ihm nicht gehörige Tätigkeit" (ebd.). Dies ist als _Selbstentfremdung_ zu begreifen.
Die dritte Art der Entfremdung ist identisch mit jener Abspaltung des gesellschaftlichen Lebens, wie sie MARX in der 'Judenfrage' als Konsequenz der 'politischen Emanzipation' beschreibt. Das dem individuellen Leben entfremdete Gattungsleben verfestigt dieses Fremdsein, indem es das individuelle Leben, den Eigennutz, zum Lebenszweck macht. Der von MARX vorausgesetzte, sich seiner Gesellschaftlichkeit bewußte Mensch wird auf doppelte Weise verleugnet.

Obwohl diese Entfremdungen für alle Menschen in der bürgerlichen Gesellschaft gelten, zeitigen sie unterschiedliche Konsequenzen im Zusammenleben der Individuen. Der nicht mehr gewußte gesellschaftliche Zusammenhang macht es erst möglich, daß ein dem Arbeiter entfremdetes Arbeitsprodukt von einem anderen, nichtproduzierenden Individuum privat angeeignet wird. Die Entfremdung von der eigenen Tätigkeit und vom eigenen Arbeitsprodukt drückt sich nun in vollendeter Weise aus durch die vom Arbeiter selbst ermöglichte Herrschaft eines fremden Nichtarbeiters über die Arbeitsprodukte als seinem Privateigentum.[1]

Dieses Privateigentum ist als ein Ergebnis der entfremdeten Arbeit benannt. Diese Darstellung löst eine vergleichsweise oberflächliche Sicht ab, wie sie noch in der 'Judenfrage' in der Gleichsetzung von Privateigentum und Eigennutz vorfindbar ist.
In den 'Manuskripten' wird zum ersten Mal die Kritik einer Nationalökonomie formuliert, die das Privateigentum als bloße Tatsache voraussetzt und selbst keinen Grund angeben kann für die Differenz zwischen Arbeit und Kapital.[2] Statt von der Beziehung des Arbeiters zu seinen Gegenständen auszugehen, macht die Nationalökonomie das Privateigentum "in seiner tätigen Gestalt" als Kapitalist oder "Arbeitsherr" zum bestimmenden Subjekt (ebd.,531). "Der Nationalökonom - so gut, wie die Politik in ihren Menschenrechten - reduziert alles auf den Menschen, d.h. auf das Individuum, von welchem er alle (gesellschaftliche) Bestimmtheit abstreift, um es als Kapitalist oder Arbeiter zu fixieren" (ebd.,557).

K.MARX insistiert auf dem mangelnden Erklärungsgehalt der Nationalökonomie. Seine Kritik richtet sich gegen die dort übliche Reduktion der Menschen auf ihre erwerbstäti-

---

1 Vgl. ebd.,S.518 : "Die Entfremdung des Menschen, überhaupt jedes Verhältnis, in dem der Mensch zu sich selbst steht, ist erst verwirklicht, drückt sich aus in dem Verhältnis, in welchem der Mensch zu dem andren Menschen steht. Also betrachtet in dem Verhältnis der entfremdeten Arbeit jeder Mensch den andren nach dem Maßstab und dem Verhältnis, in welchem er selbst als Arbeiter sich befindet".

2 Vgl. ebd.,S.510; - Der Begriff 'Kapital' wird in den 'Manuskripten' durchweg als angehäufte fremde Arbeit, als Privateigentum an den Produkten fremder Arbeit verstanden.

ge Funktion. Dem eingeschränkten und leidenden Menschen
'Arbeiter' widmet MARX hingegen in den 'Manuskripten',
wie er mehrfach betont, sein verstärktes theoretisches
Interesse. Dem Arbeiter als Erzeuger jenes gesellschaftlichen Reichtums, der, durch "Askese und Berechnung" hervorgebracht, in einer folgenden Phase der Menschheitsgeschichte zur Grundlage des Genusses und der vollen Entfaltung aller menschlichen Wesenskräfte werden soll. Voraussetzung hierfür ist die Aufhebung der entfremdeten
Arbeit.

Überdeutlich ist der anthropologisch humanistische Tenor
der Argumentation in den 'Manuskripten', der auch dort
den Ton angibt, wo es ausschließlich um nationalökonomische Fakten und Begriffe geht: Es ist jenes "unmittelbare
Verhältnis zwischen dem Arbeiter (der Arbeit) und der
Produktion", das der Nationalökonomie entgeht (ebd.,513),
worin die Entmenschlichung als gesellschaftliches Prinzip zum Ausdruck kommt. Der Träger aller Geschichte, der
allumfassend tätige, zwecksetzende, gesellschaftliche
Mensch wird herabgewürdigt zum isolierten Produzenten von
Waren, die ihm fremd und in der Gestalt des Aneigners dieser Waren gegenübertreten.
Lediglich im Austausch und in der Teilung der Arbeit erblickt der Nationalökonom eine gesellschaftliche Tätigkeit, bei der ihm nach MARX allerdings der Widerspruch
entgeht, daß Gesellschaft mit dem ungesellschaftlichen
Sonderinteresse begründet wird, indem diese Theorie "den
Egoismus, das Privatinteresse als Grund des Austauschs
oder den Schacher als die wesentliche und adäquate Form
des Austauschs bezeichnet"(ebd.,561).

Aus der Nationalökonomie kann K.MARX das Material zur
Veranschaulichung der menschlichen Entfremdung beziehen.
Bezeichnend sind seine Bemerkungen über D.RICARDO, dem
er Zynismus vorwirft, weil seine Theorie - entsprechend

der fortschreitenden Industrialisierung und ihrer Konsequenzen für die Bevölkerung - das menschliche Wesen noch stärker auf seine ökonomische Funktion reduziert. Nicht ohne Zufall widerfährt D.RICARDO im später verfaßten 'Kapital' eine radikale Umbewertung und wird dort zum wichtigsten und geschätztesten Vertreter einer Politischen Ökonomie, deren Kritik MARX als seine Lebensaufgabe bezeichnet.
Wie dies bei K.MARX selbst nur mit einem Wechsel der Fragestellung erklärt werden kann, wird aus dem folgenden ersichtlich.

2.2 Individualtheoretische und gesellschaftstheoretische Fragestellung

Die Gesellschaftstheorie des jungen MARX läßt sich in Anlehnung an L.ALTHUSSER als humanistische Theorie bezeichnen.[1] 'Gesellschaft' wird von ihm gänzlich aus dem Verhältnis des Menschen zu seinen Gegenständen, d.h. zu sich selbst, entwickelt. Jedoch: Logisch gesehen können die Gründe für die Nichtentfaltung des menschlichen Wesens, wie sie in der Entfremdung zum Ausdruck kommt, nur nichtsubjekthafter Art sein, da sonst die Bestimmung des Menschen als Subjekt der Geschichte gleichzeitig Bestimmung des Menschen als Nicht-Subjekt wäre.[2]

---

[1] "Es ist der _theoretische_ Anspruch einer humanistischen Auffassung, die Gesellschaft und die Geschichte ausgehend vom menschlichen Wesen, vom freien menschlichen Subjekt als Subjekt seiner Bedürfnisse, der Arbeit, der Begierde, als Subjekt des moralischen und politischen Handelns zu erklären" (L.ALTHUSSER,1978, S.82).

[2] Daß dieses Paradoxon praktische Bedeutung besitzt, kann an seinen gesellschaftlichen Wirkungen beobachtet werden. Es läßt sich nicht formallogisch eleminieren.

Auch die Frage nach den Entstehungsbedingungen und -gründen der notwendigen Entmenschlichung in einer von Privateigentum und Eigennutz beherrschten Gesellschaft kann nicht mehr mit Hilfe des Begriffs 'menschliches Wesen' oder 'Subjekt' beantwortet werden. Es stellt sich also nicht mehr die Frage, 'was ist der Mensch als Individuum', sondern das Generalthema kann jetzt nur noch lauten 'was ist Gesellschaft'?

Bevor diese Frage mit der werttheoretischen Erklärung menschlicher Verhältnisse beantwortet wird, ist es zunächst wichtig, den Hintergrund auszuleuchten, auf dem diese Frage gestellt wird. Denn wie aus der bisherigen Untersuchung erkennbar ist, kann die wissenschaftliche Frage nach Gesellschaft, theoretisch rigoros gestellt, durchaus keine Selbstverständlichkeit für sich beanspruchen.

K.MARX formuliert in den 1845 geschriebenen 'Thesen über Feuerbach' eine Kritik an der humanistischen Auffassung von Gesellschaft, die durchaus auch als Selbstkritik interpretiert werden kann.
In der sechsten These heißt es dort: "FEUERBACH löst das religiöse Wesen in das menschliche Wesen auf. Aber das menschliche Wesen ist kein dem einzelnen Individuum innewohnendes Abstraktum. In seiner Wirklichkeit ist es das ensemble der gesellschaftlichen Verhältnisse".[1]

MARX kritisiert hier an FEUERBACH, daß er ein "abstrakt isoliertes menschliches Individuum" voraussetzt - ähnlich, wie MARX es bisher in seiner Definition des 'gesellschaftlichen Wesens' selbst getan hatte. Er hält dem nun entgegen, daß der Mensch durch seine spezifische gesellschaftliche Existenzweise definiert ist, ein allgemeines gesell-

---

[1] Vgl. MEW 3, S.6

schaftliches Wesen also auszuschließen ist.

Gesellschaftstheoretische Erkenntnis kann sich in diesem Sinne nur auf die Menschen in der Gesellschaft richten und nicht auf ein wie immer geartetes Wesen des Menschen, das Subjekt der Gesellschaft ist. Die Frage nach dem Menschen muß als anthropologische, philosophisch-spekulative, humanistische Problemstellung kritisiert werden. Der einzelne Mensch in seiner unvergleichbaren Subjektivität oder ein naturhaftes Wesen des Menschen enthalten als Erkenntnisgegenstände keine Dimension zur Untersuchung sozialer Beziehungen.[1]

Die sechste Feuerbachthese markiert einen Einschnitt, der wichtig ist für das Begreifen der theoretischen Zusammenhänge, wie sie im 'Kapital' dargestellt sind. Das heißt nichts anderes, als daß es zu einem bestimmten historischen Zeitpunkt möglich wurde, eine Inkompatibilität zwischen Gesellschaft und Individuum zu begreifen.

Da die Frage nach einer zeitlich-inhaltlichen Kontinuität der MARXschen Texte außerhalb unseres Betrachtungskreises liegt[2], erübrigt sich eine Untersuchung darüber, ob z.B. in den nach der Feuerbach-Kritik geschriebenen 'Grundrisse der Kritik der Politischen Ökonomie'[3] die antiphilosophische Argumentation der Feuerbachthesen in jedem Punkt durchgehalten ist.

---

1 Geht es um die Erkenntnis gesellschaftlicher Verhältnisse, muß gleichwohl die Fiktion eines Menschen-Wesens und ihre realen Ursachen ernstgenommen und ergründet werden.

2 -Obwohl dies die hier vorgenommene Unterscheidung in 'Frühschriften' und 'Spätwerk' suggerieren könnte. Die benutzten Formulierungen sollen lediglich auf die Differenz zwischen noch-philosophischer und gesellschaftstheoretischer Fragestellung hindeuten.

3 K.MARX,o.J.; im folgenden zitiert als 'Grundrisse'

Wie ist Gesellschaft zu begreifen, wenn auf die "<u>theo-
retischen Dienste</u> des Begriffs Mensch" (L.ALTHUSSER) zu
verzichten ist und auch eine Addition der vielen Einzelnen nicht annähernd das trifft, was den sozialen Zusammenhang ausmacht?
In einem Rückgriff auf "die Geschichte" scheint der
Weg aus dem humanistischen Dilemma angelegt zu sein. Sta-
tionen einer 'gesellschaftlichen Entwicklung' gehören
allerorts zum unverzichtbaren Bestandteil kausaler Erklärungen sozialer Phänomene.[1]

In der zuletzt kritisierten anthropologischen Vorstellung
von einem präexistenten Wesen des Menschen ist eine ge-
schichtstheoretische Konzeption eingelassen, die Geschichte nur durch das Wesen des Menschen verständlich erscheinen läßt[2] und umgekehrt das Wesen des Menschen als geschichtliche Veranstaltung der Reifung in Richtung auf
eine Zieldisposition wie z.B. Vernunft, Freiheit, Mündigkeit begreift. Es ist dies der von der emanziaptorischen
Erziehungstheorie her bekannte Zirkel, innerhalb dessen
sich die Argumentation mit Hilfe geschichtlicher Fakten
gegen die metaphysische Deutung und mit einem Rekurs auf
das Wesen gegen den Empirismus versichern will.

Deutlich ist ein Ineinanderfallen von Geschichtstheorie
und Gesellschaftstheorie innerhalb einer Konzeption von
<u>der</u> Geschichte festzustellen. Gesellschaftliche Verhält-
nisse werden erklärt durch die Definition von geschicht-

---

1 Die neuere erziehungswissenschaftliche Diskussion um 'Kindheit' als
  pädagogischer Kategorie begreift ihr Thema vorweg als sozialhisto-
  risches Thema der 'Entstehung von Kindheit' (vgl. Ph.ARIES,1975).
  In der emanzipatorischen Erziehungstheorie gerät der 'soziale Wandel' zum Angelpunkt eines historischen Begreifens gesellschaftlicher
  Zusammenhänge. Prinzipien einer bestimmten Gesellschaft, die per
  definitionem keinem historischen Wandel unterliegen können, geraten
  zu "Rahmenbedingungen" geschichtlicher Etappen.

2 Vgl. L.ALTHUSSER,1968, S.171 f.

lichen Etappen oder Reifestadien.

Die Historisierung von Gesellschaft treibt auch in kapitalanalytischen Beiträgen ihr Unwesen: Häufig entwachsen kapitalistische Verhältnisse dort als urwüchsige Kraft den vorangehenden feudalen Gesellschaften. Oder der Kapitalismus wird aus der Perspektive postkapitalistischer Verhältnisse in zeitliche Abschnitte wie 'Früh-', 'Spät-' oder 'staatsmonopolistischer' Kapitalismus unterteilt;[1] statt die Periodisierung zu erklären, was einer kategorial entfalteten Geschichtstheorie bedürfte, ist ein steter Rückverweis auf gesellschaftliche Epochen zu beobachten, der die Spezifik gesellschaftlicher Beziehungen letztlich der wissenschaftlichen Entscheidbarkeit entzieht.

Nach L.ALTHUSSER ist dadurch der "essentielle Einschnitt, der das Wesen sichtbar macht" (ders.,1972-I,162), verhindert. Ein essentieller Einschnitt, der nur dann zustande kommen kann, "wenn das Gegenwärtige zum Wissen seiner selbst, zur Selbstkritik gelangt", - und nicht einem linear begriffenen Geschichtsprozeß einverleibt ist, der von einem vermeintlichen Endpunkt aus als die Geschichte definiert ist.

Bezeichnen wir in Anlehnung an ALTHUSSER geschichtliche Formen oder 'Geschichten' als "Wirkungsspuren" einer wesentlichen Struktur, so gewinnt Gesellschaftsanalyse als Untersuchung dieser wesentlichen Struktur einen fundamentaleren Status als die Historik.

Nach dem historischen Resultat Gesellschaft muß gefragt werden[2],

---

[1] Vgl. R.FUNKE,1978; FUNKE kritisiert zwar die in Kapitalismus- und Industriegesellschaftstheorien vorherrschende Periodisierung, hält dem aber selbst nur eine der MARXschen Theorie unterstellte "prozessuale Einheit von Theorie und Geschichte" entgegen, die argumentativ wenig überzeugt.

[2] Das schließt ein historisches Resultat des Menschen als praktizierte Ideologie mit ein.

und dies ist etwas anderes als die historizistische Suche nach einem "homogenen Ursprung" der heutigen Gesellschaft, die zur Projektion gegenwärtiger Probleme, Sichtweisen, Praxen in die Vergangenheit führt.

Das 'Antihistorizistische' der sechsten FEUERBACH-These liegt darin, keine den gesellschaftlichen Verhältnissen äußere Objektivität zur Erklärung derselben zuzulassen, auch keine wie auch immer behauptete Geschichtsobjektivität. In diesem Sinne sprechen L.ALTHUSSER und E.BALIBAR von einer "antihumanistischen" und "antihistorizistischen" Gesellschaftsanalyse, die in der MARXschen 'Kritik der Politischen Ökonomie' enthalten sei.[1]

Die leitende Frage, 'was ist Gesellschaft?', ist damit gegen zwei mögliche Arten des Mißverstehens abgeschirmt:[2] Weder einem Wesen des Menschen noch einem historischen Ursprung des Gewordenen gilt das Anliegen wissenschaftlicher Erklärung. Es muß sich am Ende dieser Ausführungen erweisen, ob durch den eingeschlagenen Weg analytische Schärfe und theoretische Tiefe gewonnen wurde. Das alleine zählt, und weder die Kontinuität des MARXschen Werkes noch die "praktisch-politische" Bedeutung des Humanismus, um die sich A.SCHMIDT angesichts von Texten der "Pariser Althusser-Schule" sorgt.[3]

---

[1] Meine Frage nach der Gesellschaft wendet sich gegen ein Geschichtsverständnis, das einen Begriff von Gesellschaft im allgemeinen der geschichtlichen Entwicklung als einheitlichem Kontinuum zugrundelegt: vor diesem Kontinuum erscheinen differente Gesellschaften immer nur als modifizierte Formen von Gesellschaft überhaupt. Gesellschaft kann hingegen nur als besondere Gesellschaft existieren. Daß sich die kapitalistische Gesellschaft selbst mit dem Flair der Allgemeinheit umgibt, wird im Verlauf der Untersuchung mit dem Selbstverständnis der kapitalistischen Produktion als naturgemäße Produktionsweise zu erklären sein.

[2] In seinem Vorwort zu "Für Marx" beschreibt L.ALTHUSSER (1968), welche theoretischen und politischen Auswirkungen dieses Mißverstehen hat.

[3] Vgl. A.SCHMIDT,1972[4]

Auf die Kritik an dieser Rezeption MARXscher Gesellschaftstheorie möchte ich nur am Rande eingehen. Es ist in Abrede zu stellen, daß der "strenge Objektivismus", den A.SCHMIDT im MARXschen 'Kapital' zurecht am Werke sieht, dann an Wert verliert, wenn "das emanzipatorische Interesse an der Geschichte" nicht im gleichen Atemzug dingfest gemacht werden kann.[1]
Die Auffassung von ALTHUSSER und BALIBAR fordert eine Trennung von Gesellschaftstheorie und Geschichtstheorie und nicht die Aufhebung eines "objektiven Begriffs von Geschichte". Dies beinhaltet im Kern eine Trennung zwischen theoretischer Bearbeitung gesellschaftlicher Verhältnisse und der politischen, moralischen, geschichtlichen Bearbeitung gesellschaftlicher Problematiken. Für die wissenschaftliche Betrachtung ist dies mit einem Paradigmawechsel verbunden. Gesellschaftstheorie ersetzt Geschichtlichkeitsdenken.

Der auf diesem Feld ausgetragene innermarxistische Streit kann schon auf eine gewisse Tradition zurückblicken.[2]
Er wird in der Regel als sogenannter Methodenstreit ausgefochten, der sich durch eine MARX unterstellte Dichotomie zwischen historischer und logischer Methode von Forschung und/oder Darstellungsweise nährt.
A.SCHMIDT kommt in dieser Debatte eine mittlere Position zu, die einen wie immer "dialektisch vermittelten Zusammenhang" zwischen "logischer", "abstrakter" und "historischer", "konkreter" Methode behauptet. Ähnlich J.ZELENY (1962), der jedoch ebenso auf einer Trennung und auf der wesentlichen Bedeutung der bei ihm so genannten "strukturellgenetischen Analyse" für das Erkennen des Gesellschafts-

---

[1] Vgl. A.SCHMIDT,1972^5, S.128 f.
[2] Vgl. H.REICHELT,1970 und H.REICHELT/J.HIRSCH,1975

charakters insistiert, ohne sich seines Widerspruchs gewahr zu werden (ebd.,103 ff.). Eine besonders platte "geschichtsorientierte" Version vertritt W.S.WYGODSKY (1967), der MARX "die von ihm entdeckte materialistische Geschichtsauffassung auf die Politische Ökonomie anwenden" läßt. Aber auch H.REICHELT scheint in der MARXschen Gesellschaftsanalyse eher den verhinderten Historiker oder Methodologen MARX wiederzufinden als den strengen Gesellschaftsanalytiker.[1]

Die erziehungswissenschaftliche Diskussion kann diesem Niveau der erkenntnis- und gesellschaftstheoretischen Auseinandersetzung nicht gerecht werden. Sie reproduziert unbefangen die kritisierten humanistischen und historizistischen Topoi in ihren Analysen des Gegenwärtigen. Die Problematik solcher Konstruktionen wird von der emanzipatorischen Erziehungstheorie nicht gewußt, bestimmt aber dennoch ihre gesamte Argumentation. Die vorgestellte Kritik muß daher weitreichende Folgen haben für eine pädagogische Theorie, die variantenreich einzelnes Individuum und historisch-gesellschaftliche Beziehungen der Individuen *in einem* thematisiert.

Die gesellschaftsanalytisch munitionierte Kritik kann sich nicht mit einer bloßen Trennung zwischen pädagogischer Individuumstheorie und historisierender Gesellschaftstheorie begnügen. Die Beziehung zwischen beiden in den Blickpunkt zu rücken, heißt, den Bruch zwischen individualtheoretischer und gesellschaftstheoretischer Fragestellung systematisch zu erklären.[2]

---

[1] Die Kritische Erziehungswissenschaft adaptiert Begriffsstücke aus dieser Diskussion, ohne sich dessen in der Regel bewußt zu sein. Statt zu verfolgen, wie entsprechende Argumentationsfetzen durch die Erziehungstheorie geistern, scheint es ratsamer, kurz auf den marxistischen Theorienstreit einzugehen.

[2] Vgl. die Diskussionen um den Gegensatz zwischen Psychoanalyse und Marxismus oder zwischen Interaktionismus und Ökonomismus, die dogmatisch in dem Gegensatz von Individual- und Gesellschaftstheorie befangen sind, indem sie beide 'Positionen' gegeneinander ausspielen oder harmonisieren, statt die Trennungslinie zu analysieren.

Mit der Mobilisierung der gesellschaftsanalytischen Potenz der MARXschen 'Kritik der Politischen Ökonomie' ist die Hoffnung verbunden, die schon genannten 'weißen Flecken' der pädagogischen Theorie, den namenlosen 'sozialen Wandel' beispielsweise, zu erforschen.

Wie gesehen unterlag auch K.MARX bis zu den FEUERBACH-Thesen dem augenscheinlich mächtigen Mythos von einem 'autonomen Kern der menschlichen Natur', einer Spekulation, die er im Gegensatz zu seinen intellektuellen Zeitgenossen der Sozialphilosophie und der Politischen Ökonomie aus seinen Darlegungen zu eleminieren bemüht war.[1]

Die folgende Auseinandersetzung mit der MARXschen Gesellschaftstheorie setzt nach dem "erkenntnistheoretischen Bruch" der FEUERBACH-Thesen an und beginnt mit dem 24.Kapitel des ersten Bandes vom 'Kapital'. In diesem Kapitel über die "sogenannte ursprüngliche Akkumulation" unterläuft K.MARX die zum Paradigma gewordenen Mythen einer historizistischen Betrachtungsweise. Aus diesem Grund kann auf die in verschiedenen Texten von K.MARX und F.ENGELS verstreuten Bemerkungen über den Status einer historisch orientierten Darstellung verzichtet werden.[2]

Nicht zufällig steht dieses Kapitel am Ende des ersten

---

[1] Vgl. dazu K.POLANYI,1978, S.176

[2] Vgl. insbesondere folgende Textstellen:
K.MARX, 'Grundrisse', S.26 ff., 163 f., 363 ff., 404 ff.;
    'Resultate'*, S.91; sowie in MEW 13,S.637 f.; MEW 23,S.161;
    MEW 24,S.344 f.; MEW 25,S.298; MEW 26.2,S.149; Brief an
    LASALLE, in 'Briefe',S.80 f.; Brief an ENGELS, in 'Briefe',
    S.127;
F.ENGELS,MEW 13,S.474 f.; MEW 39,S.428 f.;   - Daß die ENGELsche Interpretation des einfachen Warentauschs als vorbürgerliche Geschichte der kapitalistischen Ware den oft zitierten Kern eines historizistischen Mißverstehens der MARXschen Warenanalyse beinhaltet, sei hier nur am Rande vermerkt.
    * 'Resultate des unmittelbaren Produktionsprozesses' (1969)

Bandes vom 'Kapital', bedarf es für ein geschichtliches Begreifen doch Kategorien, die vorher entwickelt sein müssen. In unserem Zusammenhang markiert dieser Abschnitt den Aufgalopp der werttheoretischen Betrachtungsweise gesellschaftlicher Verhältnisse.

2.3 Die werttheoretische Erklärung menschlicher Verhältnisse

2.3.1 Zum Ursprung der bürgerlichen Gesellschaft

K.MARX spricht im 24. Kapitel des ersten Bandes vom 'Kapital' von der <u>sogenannten</u> ursprünglichen Akkumulation.[1] Selbstverständlich werden auch in den der kapitalistischen Gesellschaft vorausgehenden Gesellschaften Waren produziert, gegen Geld getauscht und als Reichtum angehäuft - allerdings in völlig anderen gesellschaftlichen Formen. Das, was dem Selbstverständnis der bürgerlichen Gesellschaft als 'ursprünglich' gilt, bezeichnet MARX als "die Vorgeschichte des Kapitals und der ihr entsprechenden Produktionsweise" (742). Und diese Vorgeschichte läßt sich keineswegs mit der Existenz einer 'fleißigen, intelligenten und vor allem sparsamen Elite auf der einen Seite und faulenzenden, ihr Hab und Gut verjubelnden Lumpen' auf der anderen Seite erklären.[2] Derart kommt es nicht zu dem bekannten Resultat, daß die

---

[1] Alle Seitenangaben dieses Abschnitts beziehen sich, sofern nicht anders angegeben, auf das genannte Kapitel, in MEW 23,S.741 ff..

[2] Vgl. ebd.,S.741

ersteren ihr Eigentum auf Basis fremder Arbeit vermehren und die letzteren ausschließlich ihre Arbeitskraft zu verkaufen haben.
Die Mähr vom "ökonomischen Sündenfall" mag zwar dem Selbstbewußtsein von Kapitalbesitzern förderlich sein, in ihrer romantischen Schlichtheit ist jedoch kein Deut mehr enthalten von jener Brutalität und Gewalt, mit der diese Gesellschaftsordnung gegenüber dem Großteil der Bevölkerung durchgesetzt wurde.

Die gewaltsame Enteignung der "unmittelbaren Produzenten", d.h. die "gewaltsame Verjagung der Bauernschaft von dem Grund und Boden, worauf sie den selben Rechtstitel besaß wie er (der große Feudalherr) selbst"(746), mit dem Ergebnis, daß diese Volksmassen sich nun auf dem Arbeitsmarkt als 'freie' Arbeitskräfte[1] anbieten mußten, um ihre Existenz zu sichern, bezeichnet K.MARX als "historisch epochemachend" und mitentscheidende Voraussetzung für den Übergang zur kapitalistischen Form der Akkumulation.

Die 'Befreiung' der Produzenten von feudalistischen Zwängen, in Geschichtsbüchern als Ruhmestat gefeiert, ist gleichbedeutend mit dem Raub der bäuerlichen Produktionsmittel und dem Entzug der durch die feudale Ordnung garantierten Existenzgrundlagen. Für den Produzenten der gesellschaftlichen Lebensmittel wechselt lediglich die Form der Knechtschaft - die feudale Ausbeutung verwandelte sich in die kapitalistische. Etwas zu gewinnen gab es in diesem Kampf gegen die feudalen gesellschaftlichen Verhältnisse nur für die Pächter, reichen Grundeigentümer und für die industriellen Kapitalisten:

---

[1] - frei im doppelten Sinne: sie sind nicht Eigentum eines Produktionsmittelbesitzers wie z.B. Sklaven oder Leibeigene, sie besitzen aber auch keine Produktionsmittel, um ihre physische Existenz zu sichern.

"Der Ritter von der Industrie verdrängte den Ritter vom Degen"(743).

Die Umwälzung der landwirtschaftlichen Produktionsweise durch die Vertreibung der Kleinbauern bedeutet Konzentration der Produktionsmittel, intensivere Nutzung der Arbeitskraft von ländlichen Lohnarbeitern, aber auch verbesserte Anbaumethoden aufgrund eines erhöhten Mitteleinsatzes, eine quantitative Steigerung der Produktion und in der Folge ein rapides Anwachsen des Warentauschs auf den verschiedenen Märkten. Die ländlichen Lohnarbeiter und noch mehr die städtischen Manufaktur- und Fabrikarbeiter sind nun - nach dem Entzug der Verfügungsgewalt über die eigene Arbeitskraft - angewiesen auf den Kauf aller lebensnotwendigen Dinge, die sie bis dahin in eigener Regie für den direkten Verbrauch hergestellt hatten.
Der Warenmarkt verwandelt sich in einen "großen, vom industriellen Kapital versorgten Markt" (775), auf dem sich mehr und mehr nur noch zwei verschiedene Arten von Warenbesitzern gegenüberstehen: der Eigentümer von Geld, Lebensmitteln und Produktionsmitteln und der Lohnarbeiter, der nur seine Arbeitskraft zu Markte tragen kann.[1]
Das auf viele verteilte Privateigentum an Produktionsmitteln verwandelt sich in das massenhafte Privateigentum der wenigen - mit einer Tendenz, sich in immer weniger Händen zu konzentrieren und gleichzeitig an Qualität zuzunehmen.
Den Prozeß der Verdrängung der vielen Privateigentümer und eine Warenproduktion mit Hilfe einer wachsenden

---

[1] K.POLANYI illustriert am Beispiel des Pauperismus im England des endenden 18.Jahrhunderts den historischen Zeitpunkt, ab dem die Arbeitskraft ohne weitergehende politische oder moralische Bedenken als Ware angesehen und behandelt wird; vgl. K.POLANYI,1978, S.165

Anzahl "formell freier" Arbeitskräfte für den Profit von immer weniger Besitzenden bezeichnet MARX als zunehmende Vergesellschaftung der Arbeit.
Die Konzentration der Mittel macht in der Form als Privateigentum in wenigen Händen eine ökonomische Optimierung des Produktionsprozesses möglich und beschleunigt die Nutzbarmachung aller gewinnversprechenden Ressourcen - nicht nur in einem Land, sondern im Weltmaßstab.

Was sich schon in der anfangs nach dem Zufallsprinzip erfolgenden Ausplünderung Amerikas, Afrikas und Indiens abzeichnete, tritt deutlich hervor in den Kriegen zwischen den nun weltweit konkurrierenden europäischen Staaten: Die Staatsmacht als "konzentrierte und organisierte Gewalt der Gesellschaft" wird zum Mittel, "um den Verwandlungsprozeß der feudalen in die kapitalistische Produktionsweise treibhausmäßig zu fördern und die Übergänge abzukürzen" (779).
Ein Mittel, das nicht nur gegenüber anderen Staaten wirksam ist, sondern auch im jeweiligen Land selbst seine spezifische Wirkung entfaltet: "So wurde das von Grund und Boden gewaltsam expropriierte, verjagte und zum Vagabunden gemachte Landvolk durch grotesk-terroristische Gesetze in eine dem System der Lohnarbeit notwendige Disziplin hineingepeitscht, - gebrandmarkt, - gefoltert" (765), nicht zuletzt auch durch Maßnahmen wie gesetzlich festgelegte Arbeitszeit und Arbeitslöhne und Schutzzölle zur Stabilisierung eines hohen Preisniveaus.

Die Veränderung von Eigentums-, Arbeits-, Staats- und anderen gesellschaftlichen Formen nennt K.MARX als grundlegende Voraussetzungen für die vollständige Etablierung der neuen Ordnung. Die geschichtlichen Etappen, an denen diese Veränderungen abzulesen sind, sind nach seiner Auffassung von Land zu Land verschieden, können

aber in England als beispielhaft gelten. Aus diesem
Grund wird das englische Beispiel zur Illustration der
Vorgeschichte kapitalistischer Gesellschaften herange-
zogen. MARX beschreibt an diesem Beispiel elementare
Bedingungen, die erfüllt sein müssen, um der kapitalistischen Art des Produzierens zum Durchbruch zu verhelfen. Länderspezifische, geschichtliche Details der
Entstehung solcher Ausgangspunkte der neuen gesellschaftlichen Systematik interessieren nicht. Dafür ist
das Besondere des neuen Typus von Markt, Produzent,
ökonomischer und außerökonomischer Herrschaft - ihr Unterschied zu vorhergehenden Formen der Produktion, des
Austauschs und der Herrschaft - von umso größerer ge-
sellschaftswissenschaftlicher Bedeutung.

Die genannten Voraussetzungen können somit weder als
Etappen einer sich permanent verändernden Gesellschaft
verstanden werden, noch einen Ursprung im Sinne eines
Nullpunktes der Epoche bezeichnen. Sie werden hingegen
als Prinzipien genannt, die mit der Existenz der kapitalistischen Gesellschaft zusammenfallen. Sie entstehen
nicht als logische Konsequenz aus feudalen Verhältnissen. Ihre Konstituierung erfolgt ganz unsanft mit Hilfe von "Eroberung, Unterjochung, Raubmord, kurz Gewalt"
(742).[1]
Thesenartig kann schon jetzt behauptet werden: Diese
gesellschaftlichen Fundamente konstituieren sich nicht
durch ein bestimmtes Wesen des Menschen, sondern durch

---

[1] Es geht hier um die Geschichte einer Gesellschaft und nicht um die
Abfolge verschiedener Gesellschaften in einer allgemeinen Theorie
des Übergangs.   Erkennbar sollte auch sein, daß sich der Begriff
Geschichte nur auf Gesellschaft beziehen kann und nicht auf 'Menschheit' oder einzelne Menschen. O.NEGT und A.KLUGE (1981) konkretisie-
ren dies am Beispiel der von MARX beschriebenen Gewaltanwendung in
der Zeit der sogenannten 'ursprünglichen Akkumulation', die "weder
Objekte noch nur die Subjekte, sondern die Beziehungen (trifft)"
(ebd.,S.35).

die Art, wie sich Menschen in einer Gesellschaft existentiell aufeinander beziehen. In diesen Beziehungen das von K.MARX beschriebene Eigen-Artige zu bestimmen, ist Aufgabe der nächsten Abschnitte. Eine derartige Analyse der Gesellschaft ist Voraussetzung für eine Erklärung der realen Fiktion 'des Menschen'. Und dazu braucht es keineswegs eines vorausgesetzten emanzipatorischen Interesses an Geschichte - wie A.SCHMIDT meint[1] - , die Doppelbödigkeit dieser Abstraktion des Menschen bietet genügend Anlaß für eine kritische Analyse.

---

[1] Vgl. A.SCHMIDT, 1972^5, S.129

2.3.2 Zweck, Mittel und Resultate der kapitalistischen Produktion

MARX charakterisiert seine wissenschaftliche Analyse, wie sie in den Bänden vom 'Kapital' vorliegt, zunächst ganz allgemein als "Nachdenken über die Formen des menschlichen Lebens" (MEW 23, 89).
Nun hat sich bereits in vorhergehenden Abschnitten gezeigt, daß sich menschliche Lebensverhältnisse einschließlich der religiösen, philosophischen oder sonstigen Vorstellungen, die sich die Einzelnen darüber machen, wissenschaftlich nur aus den Beziehungen zwischen den Menschen erklären lassen. Nach den Ausführungen zum Wechsel der Fragestellung sollte auch verständlich sein, daß beispielsweise Bedürfnisse nach bestimmten Produkten zwar eine notwendige Voraussetzung des Warentauschs darstellen, daß subjektive Kaufmotive jedoch nichts über die Funktionsweise des Marktes aussagen. Gesellschaftstypische Merkmale müssen in dem allen Gemeinsamen, im Allgemeinen, festgestellt und erklärt werden.
In den 'Manuskripten von 1844' konzentrierte sich die MARXsche Untersuchung zum ersten Mal auf die sozialen Bindungen, welche die Menschen bei der Erarbeitung ihrer materiellen Existenz eingehen. Diese ökonomischen oder Arbeitsbeziehungen gelten ihm fortan als Schlüssel zum Verständnis aller sozialen Verhältnisse dieser bestimmten Gesellschaft.
Die Wissenschaft, die sich im 18. und 19. Jahrhundert um die Erklärung der wirtschaftlichen Aktivitäten der Menschen bemühte, nannte sich selbst 'Politische Ökonomie'. Entsprechend dem eigenen Wissensstand antwortet MARX auf die Ungereimtheiten und Voraussetzungslosigkeiten dieser Wissenschaft in den 'Manuskripten' mit einer

Kritik, die stark geprägt ist von der Konfrontation mit einem 'menschlichen Wesen' sozialphilosophischer Provenienz. Dieses unterscheidet sich nicht von der anthropologischen Konstruktion eines dem Menschen angeborenen Gewinnstrebens bei A. SMITH , die als bloße Voraussetzung den Text vereinnahmt.

Der Untertitel "Kritik der Politischen Ökonomie" kündigt dagegen in "Das Kapital" eine Auseinandersetzung mit der nationalökonomischen Wissenschaft an, die sich in ihren wesentlichen Theoremen unbeeinflußt von moralischen, politischen oder philosophischen Befangenheiten erweist.

2.3.2.1 Austausch und Arbeitswerttheorie

Für die Politische Ökonomie jener Zeit standen die Gesetzmäßigkeiten a) der Verteilung eines wie immer erwirtschafteten Produkts und b) der Tauschregeln auf den Gütermärkten im Vordergrund des wissenschaftlichen Interesses[1].

Das Problem, das diese Ökonomen MARXens Ansicht nach nur unvollständig gelöst hatten, ist in der Frage nach der Möglichkeit des Tauschs überhaupt sowie nach der Bestimmung der quantitativen Tauschrelationen enthalten.

ADAM SMITH geht in seinem Werk 'The Wealth of Nations'[2]

---

[1] Zum Zusammenhang von ökonomischer Theorie und der Begründung von Politik bei den klassischen Nationalökonomen vgl. M.DOBB,1977, S.29 ff.

[2] A.SMITH,1970

von der Tauschbarkeit von Gütern aufgrund der in ihnen enthaltenen Arbeit aus. Der Tauschwert eines Guts ist demnach bestimmt durch die Quantität der zu seiner Herstellung benötigten Arbeit. SMITH ist der erste, der alle Arbeiten der geteilten gesellschaftlichen Gesamtarbeit als Quelle des Reichtums an verfügbaren Gütern ansieht. Seine Erkenntnis, daß der Tauschwert eines Guts mit den in ihm enthaltenen Arbeitsquanta zusammenhängt - mit anderen Worten: daß sich nur Waren tauschen, in denen gleich viel Arbeit verkörpert ist -, bereitet ihm jedoch Kopfzerbrechen bei der Betrachtung des Austauschs zwischen Kapitalist und Arbeiter. Denn ganz offensichtlich ist hier die vom Kapitalisten angebotene Ware, der Arbeitslohn, von geringerem Wert als das vom Arbeiter im Produktionsprozeß erstellte Produkt[1], - und der Austausch findet trotzdem statt. SMITH meint deswegen für Gesellschaften, in denen sich Kapitalist und Arbeiter gegenüberstehen, eine andere Wertbestimmung der Waren erkennen zu können. Ihr Tauschwert soll hier durch das Quantum Arbeit bestimmt sein, das diese Ware kaufen kann.

Die Kritik an dieser zweiten Wertbestimmung ist im ersten Satz der von DAVID RICARDO 1817 veröffentlichten Abhandlung 'On the Principles of Political Economy and Taxation' enthalten:

> The value of a commodity, or the quantity of any other commodity for which it will exchange, depends on the relative quantity of labour which is necessary for its production, and not on the greater or less compensation which is paid for that labour."
> (D. RICARDO , 1971, 55)

---

[1] - Was A.SMITH als pures Ergebnis der Arbeitsteilung zu begreifen sucht. Vgl. dazu bes. MEW 13,S.44 f.; MEW 26.1,S.40 ff.

Die Erklärung des Tauschwerts einer Ware aus der Geldsumme, die zum Kauf der die Ware produzierenden Arbeit notwendig ist[1], enthält in der Tat den Zirkel, Tauschwert aus dem Tauschwert zu erklären, denn die Geldsumme selbst entsprang ebenso einem Austausch auf dem Markt.

"Die große historische Bedeutung Ricardos für die Wissenschaft" liegt nach MARX in der durchgängigen Bestimmung des Werts einer Ware durch die Arbeitszeit, die nötig ist zu ihrer Herstellung[2]. Von RICARDO wird auch klargestellt, daß der Wert einer Ware an historische Produktionsbedingungen geknüpft ist und aufgrund von Veränderungen der Produktionstechnik, der Arbeitsorganisation oder der funktionalen Ausbildung der Arbeitskräfte selbst in seiner Größe variieren kann.
RICARDOs Hauptinteresse galt den Gesetzmäßigkeiten, nach denen der Erlös aus dem Verkauf eines Produkts auf die drei Klassen (Grundeigentümer, Kapitalbesitzer, Arbeiter) verteilt wird. Die von ihm entworfene Profittheorie zeichnet sich allerdings dadurch aus, daß sie von der Existenz eines Überschusses und seiner Verteilung als Lohn, Bodenrente und Kapitalprofit ausgeht und nicht nach der Herkunft dieses Überschusses forscht. Dazu wäre es notwendig gewesen, wie MARX schon in den 'Manuskripten' andeutet, die Beziehungen zwischen den am Produktionsprozeß Beteiligten genauer zu erforschen und nicht die verschiedenen Klassen auf der Austausch- und Verteilungsebene als fixe Figuren lediglich vorauszusetzen. Aber auch bei der Erklärung des Austauschs sieht sich RICARDO mit Konsistenzproblemen seiner Theorie konfrontiert, obwohl er das von SMITH vorgelegte Problem des ungleichen Tauschs zwischen Kapitalbesitzer und Arbeiter in seinem

---

1 Vgl. A.SMITH,1970, S.140
2 Vgl. MEW 26.2,S.163

Kern nicht erkennt[1].

Nach MARX "genügt es ihm nachzuweisen, daß der wechselnde Wert der Arbeit - kurz, der Arbeitslohn - die Wertbestimmung der von der Arbeit selbst verschiedenen Waren durch das relativ in ihnen enthaltene Arbeitsquantum nicht aufhebt"; gleichwohl erklärt RICARDO den Arbeitslohn letztlich aus den durch Angebot und Nachfrage bestimmten Preisen der Lebensmittel, die die Reproduktionskosten der im Produktionsprozeß verwandten Arbeit (der Arbeiter) bilden. Wie auch bei SMITH drängt sich hier bei RICARDO die Frage nach dem offenbar besonderen Charakter der Arbeit als Ware geradezu auf.

Das heißt erstens, wie läßt sich der Arbeitslohn bestimmen, wenn "die Arbeitszeit als immanentes Maß des Tauschwerts gegeben", und zweitens, "wie führt Produktion auf Basis des durch bloße Arbeitszeit bestimmten Tauschwerts zum Resultat, daß der Tauschwert der Arbeit kleiner ist als der Tauschwert ihres Produkts?" (MEW 13,47).

Das wissenschaftliche Problem für MARX lag nicht darin, die Aneignung eines Surplusproduktes durch den Kapitalisten zu beweisen, "eine Beobachtung aus gesellschaftlicher Erfahrung" (DOBB), sondern die Tatsache der kapitalistischen Form der Ausbeutung mit der für richtig befundenen Werttheorie zu vereinbaren, nach der sich nur äquivalente Größen tauschen können[2].

Und tatsächlich stehen sich auf dem Arbeitsmarkt "Kapitalist und Arbeiter nur als Geldbesitzer und Warenbesitzer gegenüber, und ihre Transaktion ist, wie der

---

[1] Vgl. MEW 26.2, S.399/400
[2] Vgl. M.DOBB, 1977, S.165

zwischen allen Käufern und Verkäufern, ein Austausch von Equivalenten"[1].

Der wesentliche Einwand MARXens gegenüber SMITH und auch RICARDO[2] bezieht sich auf die Form, "worin labour als Einheit der Waren sich darstellt" (MEW 26.3,136).

In der klassischen Ökonomie wird Arbeit durchgängig als 'natürliche Arbeit' in einem anthropologischen, naturnotwendigen Sinne behandelt, obwohl sie auch hier einmal unter einem quantitativen und einmal unter einem qualitativen Aspekt betrachtet wird[3].

Arbeit vergegenständlicht sich rein quantitativ gesehen als Resultat in Werten, die ihre Bedeutung ausschließlich durch ihre reziproke Austauschbarkeit erhalten. Der qualitative Aspekt der Arbeit als Tätigkeit, ihr Nutzen für andere, daher Gebrauchswert, materialisiert sich jedoch nicht im Austausch, sondern im Herstellungsprozeß der Waren, beim Tätigsein der Arbeitskraft für den Produktionsmittelbesitzer, der sie als Ware auf dem Arbeitsmarkt gekauft hat und dies mit durchaus konkreten Vorstellungen vom Nutzen dieser Ware. Denn diese 'lebendige Arbeit', Arbeit als Tätigkeit, besitzt ihren spezifischen Gebrauchswert darin, daß sie mehr Wert erzeugt als sie selbst dem Kapitalisten beim Austausch gegen Lohn auf dem Arbeitsmarkt abverlangt hat.

---

[1] K.MARX, 'Resultate', S.29

[2] - Den MARX ganz im Gegensatz zu den 'Manuskripten' jetzt als "Vollender der klassischen Politischen Ökonomie" würdigt, da er ohne moralische Befangenheit die gesellschaftlichen Verhältnisse zu analysieren sucht.

[3] "Aber wodurch unterscheidet sich die Ware Arbeit von anderen Waren? Die eine ist lebendige Arbeit, die andere vergegenständlichte Arbeit. Also nur zwei verschiedene Formen Arbeit. Warum gilt für die eine ein Gesetz, das nicht für die andere, da der Unterschied nur formell? Ricardo antwortet nicht, wirft nicht einmal die Frage auf" (MEW 26.2,S.400).

Nennt man diese 'lebendige Arbeit' nun präziserweise beim Namen, als Arbeitsvermögen, als Ware Arbeitskraft, so werden gleich mehrere Rätsel der klassischen Ökonomie gelöst.

a) - Das Problem, daß der Wert des Produkts größer ist als der Wert des Arbeitsvermögens - bei RICARDO als Profit[1] bezeichnet, aber nicht näher erklärt - löst sich durch die Erkenntnis der Besonderheit der Ware Arbeitskraft: sie wird zwar gemäß dem Wertgesetz des Äquivalententauschs vom Kapitaleigentümer eingetauscht, besitzt aber als einzige Ware die Eigenschaft, bei ihrem Verbrauch im Arbeitsprozeß mehr Wert zu erzeugen, als sie selbst in Form der zu ihrer Reproduktion notwendigen Lebensmittel hat. Der Wert der Ware Arbeitskraft und der Wert des von der Arbeitskraft erarbeiteten Produkts sind unabhängig voneinander[2].

b) - Nun 'kommandiert' nicht nur ein bestimmtes Quantum vergegenständlichte oder akkumulierte Arbeit ein entsprechendes Quantum 'unmittelbarer Arbeit' ("immediate labour" bei RICARDO), sondern hinter diesem sachlichen Verhältnis ist die gesellschaftliche Beziehung zwischen Arbeiter und ihm getrennt gegenüberstehenden Arbeitsbedingungen, personifiziert durch den Produktionsmitteleigentümer, verschwunden. Ganz so, wie es A. SMITH resultathaft als Voraussetzung für die riesenhafte Steigerung der Produktivität der Arbeit[3] beschreibt[4].

---

1 Dem MARXschen Gedankengang folgend aber als Mehrwert zu bezeichnen, da der Überschuß rein auf den Wert der Arbeitskraft bezogen ist, ohne Berücksichtigung von konstantem Kapital in Form von Arbeitsmitteln und Rohstoffen.

2 Vgl. MEW 23,S.207/208

3 Unter der Produktivität der Arbeit wird die Relation zwischen Mengeneinheiten des Produkts der Arbeit und Mengeneinheiten der zur Produktion dieses Guts eingesetzten Arbeit verstanden.

4 Vgl. MEW 26.1,S.41

c) - Die besondere Qualität der Ware Arbeitskraft kommt im kapitalistischen Arbeitsprozeß zur Wirkung und nicht während des formalen Vergleichs auf dem Markt. Notwendig wird eine Betrachtung des Produktionsprozesses, welche diesen aus analytischen Gründen unabhängig vom Tausch- oder Zirkulationsprozeß untersucht.
"Obgleich aber beide Prozesse selbständig nebeneinander existieren, bedingen sie sich wechselseitig" ('Resultate', 29).

Fassen wir die MARXsche Argumentation zusammen. Die vorliegende Gesellschaft wird zunächst durch die augenfällige Tatsache des Warentausches charakterisiert. Kauf und Verkauf von verschieden nützlichen Waren scheint der einzige Zweck auf den vielen Märkten zu sein. Die Frage nach der Wertgröße einzelner Waren und dem 'gemeinsamen Dritten', wodurch zwei stofflich verschiedene Gebrauchswerte überhaupt vergleichbar und austauschbar werden, führt zur Formulierung des sogenannten 'Wertgesetzes', nach dem sich alle Waren gemäß den in ihnen enthaltenen Quanta Arbeit austauschen. Die individuellen Größen der Warenwerte sind bestimmt durch die zu einem bestimmten historischen Zeitpunkt durchschnittlich notwendige Arbeitszeit, die zu ihrer Herstellung erforderlich ist. Waren können von ihren Besitzern prinzipiell nur unter der Bedingung der Gleichwertigkeit getauscht werden.

Das Wertgesetz vorausgesetzt, stellt sich der Austausch zwischen Kapitalbesitzer und Arbeitskraft als grobe Dissonanz innerhalb der allgemeinen Harmonie des gleichen Tauschs dar. Der Betrag, den z.B. ein Fabrikant für die von ihm benutzten Arbeitskräfte verauslagt, und der Wert des von diesen Arbeitskräften hergestellten Produkts unterscheiden sich beträchtlich - beide Werte sind verschieden voneinander. Dieses Problem des vermeintlich ungleichen Tauschs, aber auch die Frage nach der Herkunft des Mehrprodukts bei gleich gegen gleich eingetauschten 'Produktionsfaktoren' verweist auf eine besondere Art der Warenproduktion, wie sie jetzt analytisch unterschieden wird von der Austauschsphäre oder Zirkulation.

Das Mehrprodukt[1], wie es sich darstellt im produzierten Warenwert, besteht dann sichtbar aus einer Gesamtsumme von Arbeitsquantitäten, von der nur ein Teil vom Kapitalisten als Wert ausgelegt worden war, ein anderer Teil jedoch erst im Produktionsprozeß selbst entstand. Dieser Mehr-Wert ist der besonderen Qualität der Ware Arbeitskraft zu verdanken, die zwar wie jede andere Ware auch gemäß ihren 'Herstellungskosten', und damit in Übereinstimmung mit dem Wertgesetz, auf dem Markt gekauft wird, aber im Produktionsprozeß mehr Wert erzeugen <u>kann</u>, als sie selbst hat.

Die alltägliche Erzeugung eines solchen Mehr-Werts durch die Lohnarbeiter, seine Verkörperung in Waren, die der Produktionsmittelbesitzer sich aneignet, gehört genauso zur eigentümlichen "ökonomischen Struktur der Gesellschaft" oder - was dasselbe ist - der Produktionsweise wie der Umstand, daß die Verfügungsgewalt des Kapitalbesitzers den Arbeitskräften als von ihnen nicht beeinflußbare sachliche Arbeitsbedingung gegenübertritt.

Die Arbeitstätigkeit ist jetzt nur noch in ihrer gesellschaftlichen Spezifik zu begreifen. Sie tritt zum einen als unterschiedslose Quantität auf, verkörpert in den Waren und ihren Austausch ermöglichend. Als solche ist sie die Substanz der Warenwerte und wird von MARX 'ab-

---

[1] - Ein 'Mehr' über die vorgeschossenen Werte zu Beginn der Produktion hinaus.

strakte Arbeit' genannt[1]. Aus einer anderen analytischen Perspektive gesehen ist die Arbeit 'konkrete Arbeit', - bezogen auf den nützlichen Charakter der Arbeitsprodukte und der in ihnen dargestellten verschieden konkreten Arbeiten[2]. Dieser 'Doppelcharakter' der Arbeit ist an bestehende Produktionsverhältnisse gebunden, ist ihr gesellschaftlicher Charakter, und in keiner Weise ist in dieser doppelt bestimmten Arbeit eine Naturkonstante von 'Arbeit überhaupt' zu entdecken[3].

Bis zu dieser Stelle konnten in Konfrontation mit den wissenschaftlichen Ansichten von SMITH und RICARDO wichtige Punkte der ökonomischen Gesellschaftsstruktur geklärt werden, die allein aber noch keinen umfassenden gesellschaftlichen Entwurf ermöglichen. Dazu sollen im folgenden noch weitere Ergebnisse der MARXschen Analyse der kapitalistischen Produktionsweise zusammengefaßt werden.

---

[1] Die Abstraktion bezieht sich auf die spezifische Eigenschaft der Arbeitsprodukte. Unter abstrakter Arbeit ist die neuro-muskuläre Leistung als physiologischem Ausdruck zu verstehen, die die Herstellung eines Produkts erfordert.

[2] "Alle Arbeit ist einerseits Verausgabung menschlicher Arbeitskraft im physiologischen Sinn, und in dieser Eigenschaft gleicher menschlicher Arbeit bildet sie den Warenwert. Alle Arbeit ist andererseits Verausgabung menschlicher Arbeitskraft in besonderer zweckbestimmter Form, und in dieser Eigenschaft konkret nützlicher Arbeit produziert sie Gebrauchswerte" (MEW 23,S.61).

[3] Obwohl es bei MARX manchmal den Anschein hat, als wäre die gebrauchswertschaffende Arbeit gleich einer naturnotwendigen Arbeit, wie sie von A.SMITH und D.RICARDO aufgefaßt wird.

2.3.2.2 Mehrwert und Kapital

Die Produktion von Mehrwert ist laut MARX eine Existenzbedingung kapitalistischer Gesellschaften. Im Prozeß seiner Herstellung treffen sich die Lebensinteressen der beiden Gesellschaft strukturierenden Klassen[1]. Die einen haben auf dem Markt nichts zum Erwerb der lebensnotwendigen Mittel einzutauschen als ihr Arbeitsvermögen[2]. Die andere Klasse verfügt im wesentlichen über Produktionsmittel und Geld, das als Ware Arbeitslohn nutzbar gemacht werden kann.
Führt das reine Existenzinteresse die Arbeiter dazu, ihre Arbeitskraft zu verkaufen und sie unter von ihnen nicht kontrollierbaren Bedingungen anzuwenden bzw. sich als lebendige Menschen anwenden zu lassen, so interessiert die andere Klasse am Tausch Lohn gegen Arbeitsvermögen, daß sich aus der erworbenen Ware im Prozeß ihrer Anwendung mehr Wert herausschlagen läßt, als in Form von Lohn für diese Ware auf dem Markt verauslagt werden mußte. Dies wurde als das Besondere dieser Ware Arbeitskraft bezeichnet, was sie allen anderen Waren voraus hat, die von Geldbesitzern sonst auf dem Markt eingelöst werden können.
Durch die wertanalytische Betrachtung der MARXschen Version wird deutlich, wie sich der in den Produkten verkörperte Wert erstens in die zur Reproduktion der Arbeitskraft notwendige Arbeitszeit und zweitens in den Mehrwert aufspaltet.

---

[1] Zur vernachlässigenswerten Relevanz der Grundeigentümerklasse vgl. 'Grundrisse',S.27

[2] Auf die zeitgeschichtliche Illustration der Zwangsmaßnahmen in Form von Enteignung und Vertreibung, die zu diesem Zustand der relativen Besitzlosigkeit führte, wurde bereits im vorausgehenden Abschnitt 2.2.1 hingewiesen.

Betrachtet man Produktionsmittel wie z.B. Maschinen, so gelten diese wie alle anderen Waren ebenfalls als Arbeitsprodukte im Sinne von in ihnen geronnener Arbeitszeit. Soll die Produktion fortdauern, muß der Verschleiß dieser Produktionsmittel im Prozeß der Herstellung von Waren in Rechnung gestellt werden. Den vom Kapitalisten angeeigneten Überschuß, bezogen auf die Reproduktionskosten sowohl der bereits vergegenständlichten Arbeit, dem konstanten Kapital[1], wie der lebendigen Arbeit oder dem variablen Kapital[2], nennt MARX 'Profit', im Gegensatz zum Mehrwert, der sich aus der Differenz zwischen Wert des erarbeiteten Guts und Wert der Arbeitskraft errechnet. Den Profit bezeichnet er als "die die kapitalistische Produktionsweise spezifisch charakterisierende Form des Mehrwerts"[3]. Die Profitrate bezieht die Mehrwertmasse auf das insgesamt vorgeschossene Kapital; darin sind neben konstantem und variablem Kapital auch alle sonstigen Kosten enthalten.

Die Mehrwertrate hingegen bezeichnet das Verhältnis zwischen Masse des Mehrwerts und Wert des variablen Kapitals. Sie bildet den Maßstab für den Ausbeutungsgrad der Arbeitskraft, der ganz unabhängig ist von der Höhe der sonstigen Kosten, die zum Betreiben der Warenproduktion notwendig werden[4]. Dieser Ausbeutungsgrad kann bei gleicher Arbeitsdauer durch eine Steigerung der Produktivität der Arbeit vergrößert werden, was bedeutet, daß die zur Reproduktion der Arbeitskraft notwendigen

---

[1] 'Konstantes Kapital', weil im Produktionsprozeß seine Wertgröße nicht verändert wird.

[2] 'Variables Kapital', weil es im Produktionsprozeß den Produkten mehr Wert zusetzt, als es selbst hat.

[3] Vgl. MEW 25, S.822

[4] Vgl. die Formalisierung von Profitrate: $p=\frac{m}{c+v}$ und Mehrwertrate: $m'=\frac{m}{v}$, wo m=Mehrwertmasse, c=konstantes und v=variables Kapital.

Lebensmittel im weitesten Sinne weniger Herstellungszeit benötigen als zuvor, ihr Anteil am Wertprodukt sich also verringert, der Mehrwert daher wächst[1].

Mehrwert muß als eine gesellschaftsanalytische Kategorie verstanden werden, bei der abstrahiert ist von den alltäglichen praktischen Formen, in denen sich dieser Mehrwert als Profit oder unbegriffen: als Gewinn, der sich durch die Kombination von sachlichen Produktionsfaktoren ergeben hat, darstellt. Ähnlich dem grundlegenden Begriff Wert, der die gesellschaftliche Spezifik von Produktion und Zirkulation sichtbar macht, ohne den die gesellschaftlichen Praktiken von Kauf und Verkauf mittels Geld und über Preise nicht erklärt werden können.

In der Existenz verschiedener Arten von Profit, aber auch in den von den Werten abweichenden Preisen sieht MARX lediglich eine "Verselbständigung der Form des Mehrwerts, die Verknöcherung seiner Form gegen seine Substanz, sein Wesen"[2]. Er betont schon im Vorwort zur ersten Auflage des 'Kapital', welcher wissenschaftlichen Mühe es bedarf, die spezifisch gesellschaftliche "Form, worin es (das Wesen dieser Form, PLF) im Bewußtsein seiner Träger, der Kapitalisten, lebt, sich in ihren Vorstellungen abspiegelt", zu entziffern[3].

Auf die Erklärung der alltäglichen ökonomischen Begriffe im werttheoretischen Kontext, wie sie MARX vor allem im dritten Band vom 'Kapital' in Angriff nimmt, kann an dieser Stelle nicht eingegangen werden[4].

---

1 Vgl. dazu das 10.Kapitel im ersten Band vom 'Kapital' (MEW 23,S.331); Die Existenz eines Mehrprodukts schließt in dieser Darstellung eine Produktivität der Arbeit mit ein, die kontinuierlich ein Überschreiten des Subsistenzniveaus erlaubt.

2 Vgl. MEW 25,S.837

3 Vgl. MEW 26.3,S.474

4 Diese Erklärung im Kontext der Werttheorie wird in der einschlägigen Literatur hauptsächlich als Problem der "Transformation von Werten in Preiskategorien" behandelt und hat unter dieser Themenstellung schon eine beachtliche eigene Theoriegeschichte hervorgebracht. Ein-

Gesellschaft wurde bisher erklärt aus den Handlungsweisen zweier Arten von Gesellschaftsmitgliedern, die auf dem Markt nach dem Wertgesetz Waren tauschen und sich dort als gleiche Warenbesitzer begegnen. Die Unterschiede zwischen beiden traten erst bei der Betrachtung der Herstellung der Waren zutage. Während die Notwendigkeit, sich auf die beschriebene Form des Arbeitsprozesses einzulassen, für die Arbeitskraftbesitzer aus existentiellen Gründen gegeben ist, konnte dem Kapitalbesitzer die Aussicht auf Profit als treibendes Motiv unterstellt werden. Kapital ist in diesem Sinne eine Wertsumme, die in Form von Produktionsmitteln und Arbeitslohn vorgeschossen wird, um am Ende des Produktionsprozesses einen Überschuß zu erhalten, über den ausschließlich der Kapitalist verfügt.

Trotz der festen Tatsache, daß die Arbeitskräfte unter kapitalistischen Produktionsverhältnissen ihren Lohn erst nach ihrem Funktionieren erhalten, spricht MARX um der "reinen Auffassung der Verhältnisse" willen von einem geleisteten Vorschuß des Kapitalisten. Durch diese Formulierung bleibt erstens Kauf und Verkauf der Arbeitskraft <u>vor</u> dem Produktionsprozeß deutlich - nach den für

---

ne Systematisierung möglicher Interpretationsmuster, die sich in Bezug auf das Verhältnis von Wert- und Preistheorie ihrem Anspruch nach innerhalb der MARXschen Lösung bewegen, ist mit den paarweisen Begriffen qualitativ (Wert) versus quantitativ (Preis) oder strukturell (logisch erkenntnistheoretisch) versus historisch möglich. In diesen Darstellungen stellen sich allerdings konsistenztheoretische Probleme, die sich bei der Rezeption 'außerhalb' der MARXschen Argumentation zur Hauptthese verdichten, daß es zur Bestimmung der Preise nicht notwendig ist, die Werttheorie als Grundlage zu akzeptieren.
Daß es sich keineswegs um eine Diskussion handelt, die sich selbst genügt, sondern in ihrer Dimension den revolutionstheoretischen Kern der MARXschen Analysen berührt, verdeutlicht der Beitrag von Ch.PENNAVAJA (1974). Für einen Überblick über die Theoriegeschichte vgl. besonders den Sammelband I von H.G.NUTZINGER und E.WOLFSTETTER (1974) sowie die Beiträge von J.GLOMBOWSKY (1977) und M.COGOY (1977). Ein Verzeichnis von Veröffentlichungen zum 'Transformationsproblem' findet sich bei G.ACCARDO (1977).
Nach meinem Verständnis kreisen die konsistenztheoretischen Überlegungen notwendigerweise um den im 3.Band des 'Kapital' eingeführten Begriff "Marktwert", der schon in seiner Formulierung einen Widerspruch zu enthalten scheint; vgl. ebd.,MEW 25.

allen Tauschhandel gültigen Prinzipien. "Die Arbeitskraft ist verkauft, obgleich sie erst hinterher bezahlt wird" (MEW 23, 188). Zweitens ist in dem Wort 'vorgeschossen' enthalten, daß etwas gekauft wird, um es wieder zu verkaufen, und nicht, um das Gekaufte im Konsum aufzubrauchen. Der Konsum der Arbeitskraft oder ihr Gebrauch im Produktionsprozeß ist nicht Endziel des 'Geschäfts' Arbeitslohn gegen Arbeitsvermögen. Die Anwendung aller sachlichen und lebendigen Mittel im Herstellungsprozeß der Waren orientiert sich am Ziel, die vorgeschossene Wertsumme zu vermehren, was bedeutet, durch den Verkauf der produzierten Waren einen Profit zu erzielen.

In die zeitgenössische Umgangssprache übersetzt heißt dies einfach, daß Investitionen rentabel sein müssen. Und in der ökonomischen Theorie wird der Grundsatz, "daß das Prinzip der Wirtschaftlichkeit in Betrieben, die unter marktwirtschaftlichen Bedingungen arbeiten, dem erwerbswirtschaftlichen, auf möglichst hohe Gewinne zielenden Prinzip untergeordnet ist"[1], durchaus als Selbstverständlichkeit behandelt.

Bevor dieses Axiom kapitalistischen Handelns am Beispiel der Konkurrenz der Kapitalisten untereinander intensiver beleuchtet wird, soll auf eine zweite Fassung des Kapitalbegriffs aufmerksam gemacht werden, wie er im Fortgang der Darstellung zunehmend an Bedeutung gewinnt.

Im Unterschied zu den 'Manuskripten', in denen der Begriff Kapital im Sinne von angehäufter fremder Arbeit gebraucht wird, bezeichnet das Wort Kapital in der 'Kritik der Politischen Ökonomie' die Wertsumme, die vom Produktionsmittelbesitzer vorgeschossen wird, um im Prozeß der Warenproduktion einen Mehrwert zu erzielen. Diese Vermehrung oder Verwertung des vorgeschossenen Wertes bringt den inneren Funktionszusammenhang eines Produktionsprozesses

---

[1] Vgl. E. GUTTENBERG, 1966, S.457

mit dem Zweck der Realisierung positiver Profite zum Ausdruck. Die Aneignung von fremder Arbeit gilt jetzt nur noch als eine von mehreren sozialen Bedingungen, unter denen solche Profite erzielt werden können. Die Gesamtverhältnisse, unter denen allein das Kapital als Wertsumme funktionieren kann, werden in einer zweiten Bedeutung des Begriffs ebenfalls als Kapital bezeichnet. Kapital ist an dieser Stelle "ein bestimmtes soziales Verhältnis", es ist "Kapitalverhältnis" und identisch mit Gesellschaft.

In den Unterschieden der Begriffsbestimmung vor und nach jenem inhaltlichen Wendepunkt wird die Relevanz dieses Wechsels der Fragestellung einmal mehr deutlich[1]. Zunächst hat Kapital den sachlichen Charakter eines Dings und enthält zugleich den Hinweis auf das moralische Subjekt Arbeiter, dem dieses Ding weggenommen wird. In der 'Kritik der Politischen Ökonomie' beschreibt Kapital im umfassenden Sinne Verhältnisse zwischen Personen, die von diesen freiwillig/unfreiwillig eingegangen werden.

In ähnlicher Weise hat der Begriff der Arbeit hier nicht mehr den Stellenwert, tätiger Ausdruck eines menschlichen Wesens oder seiner Verkehrung in der Entfremdung zu sein, sondern ist nur noch in nicht-subjekthafter, gesellschaftlich gleicher Form, als abstrakt menschliche Arbeit definierbar, die ganz der Regie der sozialen Verhältnisse unterliegt. Der soziale Zusammenhang unterschiedlich nützlicher, konkreter Arbeiten kann erst durch die Abstraktion von der jeweiligen Nützlichkeit entdeckt werden. In der rein quantitativen Geltung der Arbeit ist ihre gesellschaftlich einzige Existenzweise zu sehen.

Im Funktionieren des Kapitals als Verwertung des Werts ist ein Mechanismus der Vergesellschaftung angegeben, dessen Zweck in ihm selbst eingebaut ist, der keinen

---

[1] Vgl. die MARXsche Kritik an D.RICARDO, in der diese Unterschiede von Bedeutung sind, in MEW 26.2,S.403

äußeren Antrieb durch Menschen als zwecksetzende Subjekte mehr benötigt[1]. Das Funktionieren erzeugt fortwährend die Bedingungen für die Wiederholung derselben gesellschaftlichen Vorgänge[2]. Der Begriff 'kapitalistischer Produktionsprozeß' enthält in diesem umfassenden Sinne sowohl die Herstellung und Verteilung von Waren wie die ständige Wiedererzeugung der sozialen Verhältnisse, unter denen produziert und konsumiert wird. Ein solcher Automatismus der Verwertung des Werts bedeutet für MARX offenbar jedoch nicht eine Fortschreibung dieser gesellschaftlichen Zustände für alle Zeiten. Sowohl in der engeren Sphäre von Produktion und Tausch (unter dem Stichwort 'tendenzieller Fall der Profitrate') wie auch in der gesellschaftlichen Sphäre der Sicherung der Profitwirtschaft werden Instabilitäten des Vergesellschaftungsprozesses beschrieben, die eine prinzipiell andere Organisation des gesellschaftlichen Lebens möglich erscheinen lassen. Solche Interventionspunkte sind in der 'Kritik der Politischen Ökonomie' jedoch in 'kann'-Formulierungen gekleidet und beinhalten kein automatisches Zusammenbruchgesetz für die bestehende Gesellschaft[3].

Daß der Mechanismus der gesellschaftlichen Selbsterzeugung nicht vom Himmel fällt und durchaus an ein bestimmtes Handeln der Menschen dieser Gesellschaft gebunden ist, nimmt in der nachfolgenden Betrachtung der Konkurrenz der Kapitalien einen besonderen Stellenwert ein.

---

1 "Die Zirkulation des Geldes als Kapital ist dagegen Selbstzweck, denn die Verwertung des Werts existiert nur innerhalb dieser stets erneuerten Bewegung. Die Bewegung des Kapitals ist daher maßlos" (MEW 23, S.167).

2 "Der kapitalistische Produktionsprozeß, im Zusammenhang betrachtet oder als Reproduktionsprozeß, produziert also nicht nur Ware, nicht nur Mehrwert, er produziert und reproduziert das Kapitalverhältnis selbst, auf der einen Seite den Kapitalisten, auf der andren den Lohnarbeiter" (MEW 23, S.604).

3 Eine weitergehende Untersuchung von 'Kann-Bruchstellen' der kapitalistischen Gesellschaft als historischem Stadium kann an dieser Stelle nicht stattfinden.

2.3.2.3 Konkurrenz der Kapitalien

Im dritten Buch vom 'Kapital' beabsichtigt MARX die Darstellung des "Bewegungsprozeß des Kapitals, als Ganzes betrachtet". Es geht ihm um die Formen der sozialen Verhältnisse, wie sie "auf der Oberfläche (...) in der Konkurrenz (...) und im gewöhnlichen Bewußtsein der Produktionsagenten selbst auftreten" (ebd.,35).
MARX bezeichnet Konkurrenz als den "Lokomotor der bürgerlichen Ökonomie" ('Grundrisse',450), als "Exekutor der inneren Gesetze des Kapitals", als "Wirkung der inneren Gesetze des Kapitals", als Wirkung der inneren Gesetze in Form eines äußeren Zwangs. - Die inneren Gesetze des Kapitals als soziales Verhältnis, "die nur als Tendenzen in den historischen Vorstufen seiner Entwicklung erscheinen", werden erst gesellschaftlich dominant, wenn sich die freie Konkurrenz entwickelt hat" ('Grundrisse', 543). In diesem Satz ist eine Tautologie enthalten, die allerdings darauf hinweist, daß Kapital nur als viele Kapitalien existieren kann[1].
Die "Wechselwirkung der vielen Kapitalien aufeinander" (ebd.) macht den Schatzbildner obsolet, der eine Warenmenge oder Wertsumme lediglich hortet. Denn "Verschluß des Geldes gegen die Zirkulation wäre grade das Gegenteil seiner Verwertung als Kapital" (MEW 23, 615).
Die Verwertung des Werts ist für den Kapitalisten kein mit Risiko verbundenes sportliches Unternehmen, sondern eine Notwendigkeit, will er sein Kapital zumindest erhalten.

Wenn nur ein Kapitalist in der Lage ist, die gleiche Ware billiger herzustellen, d.h. werttheoretisch, ihre Produktion weniger Arbeitskraft erfordert, so wird er auf dem

---

[1] Vgl. 'Grundrisse',S.317; - Es handelt sich jeweils um industrielle Kapitalien, deren Dominanz über andere Formen des Kapitals zur Existenzbedingung kapitalistischer Gesellschaften gehört; vgl. dazu M.BUHBE,1977, S.49 f.

Markt zunehmend andere Warenverkäufer verdrängen, gelingt es seinen Konkurrenten nicht, es ihm gleichzutun. Denn es genügt nicht, daß sie die gleiche Ware herstellen, sondern diese Ware muß auch verkauft werden, und der Wert eines einzelnen Produkts richtet sich jetzt, bei der Betrachtung des Gesamtprozesses der kapitalistischen Produktion, nicht nach der Arbeitszeit, "die es ursprünglich gekostet hat, sondern nach der Arbeitszeit, mit der es produziert werden <u>kann</u>, und diese beständig abnimmt mit der zunehmenden Produktivität der Arbeit" (MEW 26.2, 417)[1].

Der billiger produzierende Kapitalist setzt damit den Maßstab für alle anderen, und der Reichtum des Schatzbildners nimmt ständig ab, da die gehorteten Waren bei wohlfeilerer Produktion beständig an Wert verlieren[2].

Der Wettbewerbsvorteil für den billiger produzierenden Kapitalisten schließt für ihn jedoch auch die Notwendigkeit einer Ausweitung der Warenproduktion mit ein, da bei unterstelltem Verkauf zu Werten die gleiche Menge Waren bei wohlfeilerer Herstellung weniger Gesamtwert verkörpert.

Wir haben die Konkurrenz von ihren Wirkungen her betrachtet[3] und gesehen, welchen Zwang dies für den einzelnen Kapitalisten bedeutet, will er Kapitalist bleiben. Ein

---

[1] Der Verwertungsprozeß des Kapitals ist hier als Kreislaufprozeß vorausgesetzt, innerhalb dessen die Warenproduktion nur als Mittel zum Zweck, "nur als unvermeidliches Mittelglied, als notwendiges Übel zum Behuf des Geldmachens" erscheint (MEW 24,62). Kaufen, um teurer zu verkaufen, heißt die Devise der einzelnen Kapitalisten. Der Mehrwert scheint dem Tausch zu entspringen, gleich einem praktizierten Taschenspielertrick aller Konkurrenten, den sie voreinander geheimhalten.

[2] "(...) während der Schatzbildner nur der verrückte Kapitalist, ist der Kapitalist der rationale Schatzbildner. Die rastlose Vermehrung des Werts, die der Schatzbildner anstrebt, indem er das Geld vor der Zirkulation zu retten sucht, erreicht der klügere Kapitalist, indem er es stets von neuem der Zirkulation preisgibt" (MEW 23,S.168).

[3] Die Wirkung der Konkurrenz ist, eine allgemeine Profitrate herzustellen, den Marktpreis um den Wert rotieren zu lassen etc.; eine umfassende werttheoretische Erklärung der Kategorien und Resultate der Politischen Ökonomie kann im Kontext der vorliegenden Argumentation nicht ausgeführt werden.

anthropologisches Konstrukt, das wie bei ADAM SMITH
der dem Menschen eigene Bereicherungstrieb, die Triebfeder des Handelns darstellt, scheidet zur Erklärung
ebenso aus wie Bedürfnisbefriedigung durch Gebrauchswerte
als treibendes Motiv.
Die Analyse des Kapitalbegriffs verdeutlichte, daß nur
produziert wird, um mehr Wert zu erzielen, - eine Produktion um der Produktion willen, wo die Befriedigung
individueller Lebensbedürfnisse durch die hergestellten
Waren von sekundärer Bedeutung ist[1].Die Art, in der sich
verschiedene Kapitalien aufeinander beziehen, macht deutlich, daß es dem einzelnen Kapitalisten nicht anheimgestellt ist, ob er sich diesen Zweck der Produktionsweise
zu eigen macht oder nicht - die Konkurrenz zwingt ihn
dazu bei Strafe seines Untergangs. Sie unterwirft ihn der
'rastlosen Verwertung des Werts', zwingt ihn zur Effektivierung der Herstellung und des Verkaufs von Waren unter dem Kriterium der Profitabilität, was u.a. eine Bereitschaft zur permanenten Veränderung der technischen
und organisatorischen Produktionsabläufe beinhaltet. Dem
Besitzer von Kapital fällt in seiner Funktion als Kapitalist keine individuelle Entscheidungshoheit zu, will
er Kapitalist bleiben.
Der Zwang gegenüber dem Arbeiter, über das zur Reproduktion notwendige Maß hinaus zu arbeiten[2] - und ein Zwang
gehört ohne Zweifel dazu - wird nicht vom Kapitalisten

---

1 Ein genaueres Hinsehen verdeutlicht, daß es sich unter gegebenen gesellschaftlichen Verhältnissen immer nur um ein "zahlungsfähiges Bedürfnis" handeln kann. Eine Diskussion über Bedürfnisse ungeachtet ihrer gesellschaftlichen Bestimmung erübrigt sich von daher.

2 Dieses notwendige Maß ist keineswegs mit der Subsistenz der Arbeitskraft gleichzusetzen. Vielmehr geht in seine Bestimmung "ein historisches und moralisches Element" mit ein, es ist also abhängig von den durchschnittlichen Lebensansprüchen der Arbeiter; vgl.MEW 23,S.185

als Person ausgeübt, sondern "diesen Zwang übt das Kapital aus" (MEW 26.2, 409). Der nötige Druck wird durch das soziale Verhältnis Kapital erzeugt. Der Kapitalist wird von MARX "nur ein Triebrad des gesellschaftlichen Mechanismus" genannt, er ist "Personifikation des Kapitals" und nur insoweit "hat er einen historischen Wert und (...) historisches Existenzrecht" (MEW 23, 618).

Im Vergleich mit dem Besitzer der Ware Arbeitskraft ist es für den Einzelnen zweifellos attraktiver, Kapitalbesitzer zu sein. Denn für den Kapitalisten geht es in der Konkurrenz nur um die Höhe des Profits, für den Arbeiter hingegen immer um die Existenz[1].

MARX bezeichnet den Arbeiter als "frei in dem Doppelsinn, daß er als freie Person über seine Arbeitskraft als seiner Ware verfügt, daß er andererseits sonstige Waren nicht zu verkaufen hat, los und ledig, frei ist von allen zur Verwirklichung seiner Arbeitskraft nötigen Sachen" (MEW 23, 183). Unter gegebenen Umständen bleibt der Arbeiterperson um ihre Lebensansprüche zu verwirklichen nichts anderes übrig, außer als Ware Arbeitskraft zu funktionieren. Und durch sein Handeln als Lohnarbeiter akzeptiert er, daß ihm "Produktionsmittel und Lebensmittel als selbständige Mächte, personifiziert in ihren Besitzern (...), gegenübertreten" ('Resultate', 307). "Es ist nicht mehr der Arbeiter, der die Produktionsmittel anwendet, sondern es sind die Produktionsmittel, die den Arbeiter anwenden" (MEW 23, 329)[2].

---

1 Vgl. MEW 6,S.541/542; Die Konkurrenz zwischen Kapitalist und Arbeiter um die Höhe des Arbeitslohns bzw. des Profits, genauso wie die Konkurrenz zwischen den Arbeitern,(: "nicht nur, indem einer sich wohlfeiler anbietet als der andre, sondern indem einer für zwei arbeitet"), gilt bei MARX nur als "andre Form der Konkurrenz der Kapitalien" ('Grundrisse',S.544) und wird hier nicht weiter berücksichtigt.

2 Diese "Verrückung des Verhältnisses von toter und lebendiger Arbeit, von Wert und wertschöpfender Kraft" (ebd.) erfordert bei einer von der Konkurrenz erzwungenen permanenten Veränderung der technischen und organisatorischen Produktionsabläufe eine hohe Anpassungsleistung von den Arbeitskräften, die sich in Form von Flexibilitäts- und Mobilitätsanforderungen teilweise explizit im pädagogischen Maßnahmenkatalog wiederfinden läßt.

Der Arbeiter, - in den 'Manuskripten' noch konstituierender Moment von Gesellschaft, kommt in der 'Kritik der Politischen Ökonomie' nicht mehr als Arbeitersubjekt, sondern nur noch als Funktionsträger gesellschaftlicher Verhältnisse vor, die er durch sein Handeln als spezifisch bestimmte Arbeitskraft ständig neu befestigt.

Eine anthropologische Konstante des 'arbeitenden Menschen' schlechthin wird negiert, womit der philosophisch, politisch engagierte Entfremdungsbegriff der frühen Schriften von K.MARX seine Existenzberechtigung verliert. Dies ist der Konsequenz der gesellschaftstheoretischen Überlegung geschuldet und keine Frage moralischer Kriterien.

Eine bestimmte Art der gesellschaftlichen Lebensformen ist den 'Produktionsagenten' im Kapitalismus immer vorgegeben. Diese sozialen Verhältnisse existieren allerdings nur solange, wie ihre Träger - die hier nur in der Gestalt von Kapitalist und Arbeiter betrachtet werden - ihren fest definierten Handlungsbereich nicht überschreiten. Ein solches Überschreiten ist nur denkbar, wenn die Kategorien Lohnarbeiter und Kapitalist in ihrer gesellschaftlichen Gültigkeit in Frage gestellt werden, wofür die große Vielzahl von Überschreitungen sicherlich nur eine Bedingung wäre.

Festzuhalten ist die von MARX vorgenommene Unterscheidung in Personen und Träger gesellschaftlicher Verhältnisse. Im Vorwort zur ersten Auflage von 'Das Kapital' schreibt er in bezug auf die Gestalten von Kapitalist und Grundeigentümer: "Aber es handelt sich hier um Personen nur, soweit sie die Personifikation ökonomischer Kategorien sind, Träger von bestimmten Klassenverhältnissen und Interessen. Weniger als jeder andere kann mein

Standpunkt (...) den einzelnen verantwortlich machen für Verhältnisse, deren Geschöpf er sozial bleibt, sosehr er sich auch subjektiv über sie erheben mag" (MEW 23,16).

Der Kapitalist als Kapitalist, in seiner gesellschaftlichen Funktion als Besitzer von Kapital, existiert nur dadurch, daß er produziert, um zu akkumulieren und akkumuliert, um zu produzieren. Seine Revenue - das, was er zum Zwecke seines privaten Konsums für sich behält vom Mehrprodukt - zeichnet ihn <u>nicht</u> als Kapitalisten aus. Sein Handeln als Kapitalist ist damit nicht seinem durchschnittlich höheren Konsumationsfond anzusehen, über den er im Vergleich zu Beziehern von Lohneinkommen verfügt. Genauso ist der Lohnarbeiter gesellschaftstheoretisch auch nicht durch die Höhe seines relativen Einkommens bestimmt, sondern durch die eingenommene Stellung im Produktionsprozeß. Dem Streben nach Vergrößerung der Revenue, der individuellen Nutzenmaximierung, ist aus diesem Grunde gesellschaftsanalytisch überhaupt nichts abzulesen. Es sei denn, man ginge fälschlicherweise davon aus, daß Steigerung des Lebensstandards, d.h. "Genuß als treibendes Motiv" das Handeln in dieser Gesellschaft bestimmte.[1]

Dem äußeren Anschein nach gerät in dieser Gesellschaft der Wert in seiner Form als Geld und Ware zum Subjekt. Geld in seiner Funktion als Kapital[2], d.h. als "sich selbst verwertender, erhaltender und vermehrender Wert" erscheint als ein den Produktions- und Zirkulationsprozeß "übergreifendes Subjekt", insofern ihm selbst die Qualität zukommt, "Wert zu schaffen, wie (es) die Eigenschaft eines Birnbaums (ist), Birnen zu produzieren"[3].

---

[1] Vgl. MEW 24,S.123; MEW 25,S.254

[2] Vgl. MEW 23,S.169; MEW 26.3,S.453

[3] Geld in seiner Funktion als praktisches Mittel zum Zweck des Austauschs trifft unter kapitalistischen Verhältnissen in den Hinter-

- Ähnlich wie es der alltagssprachliche Spruch 'Geld regiert die Welt' suggeriert. Eine Sache, Geld, erscheint als Antreiber und Verursacher der Produktionsweise. Eine derartige Versachlichung der sozialen Beziehungen von Menschen und eine Verpersönlichung von Sachen meint MARX , wenn er vom Kapital als einem "Produktionsverhältnis, das sich an einem Ding darstellt und diesem Ding einen spezifisch gesellschaftlichen Charakter gibt", spricht, während in den Schriften 'vor dem Wechsel der Fragestellung' noch von einer Verdinglichung menschlicher Subjekte die Rede war.
Der Subjektcharakter des Werts als Kapital ist als eine Fiktion zu betrachten, die von den sozialen Verhältnissen selbst befördert wird. Der Inhalt solcher Fiktionen, denen in der kapitalistischen Gesellschaft offenbar eine erhebliche Bedeutung zukommt, ist keineswegs als ein Resultat reiner Einbildungskraft zu begreifen. Wie im nächsten Abschnitt zu sehen ist, entspringen diese Vorstellungen bestimmten Praktiken der Gesellschaftsmitglieder und stellen sich selbst in praktizierten Lebensformen dar.

Die folgende Analyse der Rechtsnormen Eigentum, Gleichheit und Freiheit mit dem Anspruch ihrer materialistischen Erklärung präzisiert zugleich die im ersten Kapitel aufgeworfenen Fragen der pädagogischen Gesellschaftstheorie. Eine solche Betrachtung entspricht keineswegs einem besonderen Schwerpunkt der MARXschen Analyse und existiert dort nur bruchstückhaft verteilt auf mehrere Textstellen.

---

grund. Seiner Gebrauchswertfunktion im Austausch ist eine soziale Interpretation übergestülpt, die Geld zu Kapital werden läßt, -Geld wird zum Mittel, um mehr Geld zu erhalten. Der Zweck 'mehr Geld' kann allerdings nicht im Austausch realisiert werden.

2.3.2.4 Eigentum, Gleichheit und Freiheit

Die Diskrepanz zwischen dem Selbstverständnis der Menschen und den Resultaten einer materialistischen Analyse der gesellschaftlichen Verhältnisse begreift MARX vom Anfang seiner Religions- und Philosophiekritik an als ein erklärungsbedürftiges Faktum.
In der Auseinandersetzung mit dem wirtschaftstheoretischen Kern der bürgerlichen Gesellschaftstheorie behauptet MARX im 'Kapital' die Erarbeitung einer wissenschaftlichen Kritik, welche es ihm erlaubt, die Unvollkommenheit und politische Befangenheit der klassischen Politischen Ökonomie abzustreifen sowie der Vulgärökonomie nachzuweisen, daß sie nichts anderes tut, "als die Vorstellungen der in den bürgerlichen Produktionsverhältnissen befangenen Agenten dieser Produktion doktrinär zu verdolmetschen, zu systematisieren und zu apologetisieren" (MEW 25, 825).

Zu Ende des letzten Abschnitts wurde auf den mystifizierenden Charakter des Werts und des Geldes hingewiesen, der gesellschaftliche Beziehungen als Beziehungen zwischen Sachen erscheinen läßt[1]. In dieser Verkehrung ist die zentrale Stelle für die Erklärung der genannten Diskrepanz zwischen "Wissenschaft und Alltagsreligion" zu sehen. Diese von MARX auch als "Fetischismus" bezeichnete Tatsache wird von ihm "aus dem eigentümlichen gesellschaftlichen Charakter der Arbeit, welche Waren produziert" erklärt[2].

---

[1] Vgl. auch MEW 25, S.835

[2] Vgl. MEW 23, S.87

"Um ihre Produkte aufeinander als Waren zu beziehen, sind die Menschen gezwungen, ihre verschiedenen Arbeiten abstrakt menschlicher Arbeit gleichzusetzen. Sie wissen das nicht, aber sie <u>tun</u> es, indem sie das materielle Ding auf die Abstraktion <u>Wert</u> reduzieren. Es ist dies eine naturwüchsige und daher bewußtlos instinktive Operation ihres Hirns, die aus der besonderen Weise ihrer materiellen Produktion und den Verhältnissen, worin diese Produktion sie versetzt, notwendig herauswächst. Erst ist ihr Verhältnis praktisch da. Zweitens aber, weil sie Menschen sind, ist <u>ihr Verhältnis als Verhältnis für sie da.</u> Die Art, wie es für sie da ist, oder sich in ihren Hirnen reflektiert, entspringt aus der Natur des Verhältnisses selbst. Später suchen sie durch die Wissenschaft hinter das Geheimnis ihres eigenen gesellschaftlichen Produkts zu kommen, denn die Bestimmung eines Dings <u>als Wert</u> ist <u>ihr</u> Produkt, so gut wie die Sprache". (1)

Um den von uns in diesem Abschnitt anvisierten Rechtsnormen, die auch in Form von demokratischen Politikidealen auftreten, auf den Grund zu gehen, bedarf es einer besonderen Betrachtung der gesellschaftlichen Sphäre des Austauschs oder des Marktes, von der MARX sagt, "es ist dies eine Sphäre, worin die Verhältnisse der ursprünglichen Wertproduktion völlig in den Hintergrund treten" (MEW 25, 835). Das heißt, die Beziehungen der Menschen im Austausch repräsentieren dem Anschein nach ein von der Produktion unabhängiges Leben. Ideologie, als "gelebtes Verhältnis der Menschen zu ihrer Welt",[2] erscheint hier besonders schwer wissenschaftlich durchschaubar. Dies ist dem Charakter der Konkurrenzsphäre geschuldet, "die, jeden einzelnen Fall betrachtet, vom Zufall beherrscht ist; wo also das innere Gesetz, das in diesen Zufällen sich durchsetzt und sie reguliert, nur sichtbar wird, sobald diese Zufälle in großen Massen zu-

---

[1] K.MARX, 'Ware und Geld', in: Marx-Engels II, 1966

[2] Vgl. L.ALTHUSSER, 1978, S.184; Demnach ist Ideologie "kein einfaches Verhältnis, sondern ein Verhältnis von Verhältnissen, ein Verhältnis zweiten Grades. Tatsächlich drücken die Menschen in der Ideologie nicht ihre Verhältnisse zu ihren Existenzbedingungen aus, sondern die Art, wie sie ihr Verhältnis zu ihren Existenzbedingungen leben".

sammengefaßt werden, wo es also den einzelnen Agenten der Produktion selbst unsichtbar und unverständlich bleibt" (MEW, 25,836).
Die gesellschaftliche Befangenheit der Interpretationsweisen ist somit nicht der bloßen Einbildungskraft geschuldet, sondern hat ihren Grund in durchaus materiellen gesellschaftlichen Praktiken, deren alltägliche Selbstverständlichkeit auf das Beharrungsvermögen von Ideologien hinweist - fern jeder moralisch bewerteten Legitimationsabsicht der Beteiligten.
Das Handeln aller Gesellschaftsmitglieder auf dem Markt ist gekennzeichnet durch Kauf und Verkauf von Waren[1]. Bewußt ist den Austauschenden, daß ein Ding nützlich sein muß für andere und die Austauschprodukte trotz ihrer Unterschiedlichkeit einen gemeinsamen Wertcharakter haben müssen.
Nach den Ausführungen in den vorhergehenden Abschnitten ist ohne weiteres einsichtig, daß die Menschen nicht erst beim Austausch bestimmte soziale Beziehungen eingehen, sondern schon die arbeitsteilig, aber voneinander unabhängig betriebenen Privatarbeiten ein entwickeltes soziales System voraussetzen, das entgegen dem augenscheinlichen Charakter der privaten Arbeit eine allseitige Abhängigkeit von anderen Produzenten beinhaltet und bestimmte Klassenverhältnisse befördert. Der spezifisch _gesellschaftliche_ Charakter der Arbeiten beweist sich im Austausch, so sie als Waren ein bestimmtes gesellschaftliches Bedürfnis befriedigen, aber in einer Form, in der die ganz unterschiedlich nützlichen Arbeitsprodukte nur noch als qualitativ gleiche und nach ihrem Wert quantitativ verschiedene gelten. Und nur quantita-

---

[1] Der Singular 'Markt' wird wie bisher gebraucht, um allgemein den Handlungsbereich Markt zu bezeichnen. Darin ist die Tatsache eingeschlossen, daß es eine Vielzahl konkreter Märkte gibt, die sich durch die _Waren_ unterscheiden, die dort getauscht werden.

tive Äquivalente werden getauscht[1]. Die Gleichheit der menschlichen Arbeit, wie sie sich auch in der Gleichgültigkeit gegenüber ihrem besonderen Inhalt ausdrückt, manifestiert sich in Kauf und Verkauf, gleichwohl die Arbeitstätigkeit als allgemeine, abstrakte, wertproduzierende Tätigkeit in der Warenproduktion ihren eigentlichen Ort hat.

Der nicht gewußte Grund für das Wertsein und die Vergleichbarkeit der Arbeitsprodukte erzeugt den Schein einer Zufälligkeit bezüglich der Größe des Warenwerts. Eine Zufälligkeit, der die Produktentauscher ausgeliefert erscheinen. "Ihre eigne gesellschaftliche Bewegung besitzt für sie die Form einer Bewegung von Sachen, unter deren Kontrolle sie stehen, statt sie zu kontrollieren" (MEW 23,89).

Folgerichtig richtet sich das handfeste Interesse der Marktteilnehmer ausschließlich auf die jeweiligen Proportionen, in denen sich die Produkte austauschen. Da für alle Warenbesitzer die gleichen Regeln des Äquivalentenaustauschs bestehen, kann insgesamt gesehen niemand übervorteilt werden. Es stehen sich gleichberechtigte Warenbesitzer gegenüber, gleich wieviel oder was sie zum Tausch anzubieten haben. Und alle Gesellschaftsmitglieder müssen irgendwelche Werte zum Tauschen besitzen, da unter gegebenen Verhältnissen alle zum Leben notwendigen Dinge gekauft werden müssen.

Deswegen ist all diesen Besitzbürgern das existenzielle Motiv gemein, sich gegenseitig ihrer gleichen Rechte als Besitzende zu versichern, was in der bürgerlichen Verfassung als 'Recht auf Privateigentum' an vorderster Stelle verbürgt wird.

In diesem Sinne gelten Käufer und Verkäufer nicht nur

---

[1] "So wichtig es aber für den Wert ist, in irgendeinem Gebrauchswert zu existieren, so gleichgültig ist es, in welchem er existiert" (MEW 23,S.217).

als "juristisch gleiche Personen"[1], sondern sie garantieren sich gegenseitig die Freiheit der Verfügungsgewalt über ihre Waren. Kein Individuum "bemächtigt sich des Eigentums des andren mit Gewalt. Jedes entäussert sich desselben <u>freiwillig</u>" ('Grundrisse', 155).

Für beide Tauschparteien ist ein Bedürfnis nach dem jeweils anderen Tauschgut vorausgesetzt, d.h., das Gesellschaftliche im Zusammentreffen auf dem Markt kommt nur zustande, indem jeder seinem egoistischen Zweck nachgeht, wobei er sich des jeweilig anderen als Mittel bedient. Das Bewußtsein darüber, daß jeder nur sein Sonderinteresse befriedigen kann in dem Maße, wie dies dem anderen auch möglich ist, schafft einen weiteren Existenzgrund für die Freiheit des Individuums als Rechtsnorm. Da "das allgemeine Interesse (...) eben die Allgemeinheit der selbstsüchtigen Interessen (ist)" ('Grundrisse',156), ist die Garantie der freien Verfolgung der individuellen Zwecke eine wichtige Voraussetzung für das Funktionieren solcher Art sozialer Verhältnisse. "Gleichheit und Freiheit sind also nicht nur respektiert im Austausch, der auf Tauschwerten beruht, sondern der Austausch von Tauschwerten ist die produktive, reale Basis aller <u>Gleichheit</u> und <u>Freiheit</u>" (ebd.).
In der sachlichen Form des Geldes erlangt die Gleichheit und Gleichgültigkeit der Zirkulationsagenten ihre Vollendung. Alle persönlichen Unterschiede und die Verschiedenheit der nützlichen Produkte sind im Geld verschwunden; es stehen sich nur noch Geldbesitzer gegenüber, die sich bei ungleichem Geldbesitz nichts vorzuwerfen haben, da keiner den anderen betrügt und der Reichtum des einen und die Armut des anderen ihrem freien Willen geschuldet erscheinen und nicht etwa den

---

[1] Vgl. MEW 23, S.182

ökonomischen Verhältnissen.

Der simple Hinweis, daß zuerst produziert werden muß, was getauscht werden soll, bringt bei genauerer Betrachtung die Stabilität dieses Gebäudes von Freiheit, Gleichheit und Eigentum - "ein wahres Eden der angeborenen Menschenrechte"[1] - ins Wanken. Die von der Marktsphäre unterschiedenen sozialen Verhältnisse der Produktion setzen eine spezifische Aufteilung der Arbeit voraus sowie einen Zwang zur Herstellung von Produkten, die sich erst in eine allgemeine, aber äußerliche und gegenüber ihren konkreten Nützlichkeiten gleichgültige Form verwandeln müssen, um auf dem Markt gegen lebensnotwendige Dinge getauscht werden zu können. Beide Tatsachen sind schlechterdings nicht dem Willen oder der Natur der Menschen anzulasten, sondern sind eine geschichtliche Voraussetzung, die "das Individuum schon als durch die Gesellschaft <u>bestimmt</u> setzt"[2].

Es ist der zentrale Vorwurf von MARX an die politischen Ökonomen seiner Zeit, wie wenig sie erkennen, "daß schon <u>andre</u> verwickeltere, und mehr oder minder mit der Freiheit und Unabhängigkeit der Individuen kollidierende Produktionsbeziehungen, ökonomische Verhältnisse derselben vorausgesetzt sind, damit sie als die freien <u>Privatproduzenten</u> in <u>den einfachen Beziehungen von Käufen und Verkäufen</u> sich in dem Zirkulationsprozeß gegenübertreten, als unabhängige Subjekte figurieren" ('Grundrisse', 907).

MARX wendet sich gegen den wirtschaftstheoretischen Kern der bürgerlichen Gesellschaftsvorstellung, in der alle ökonomischen, mit der materiellen Existenz verbundenen Beziehungen der Menschen auf die Verhältnisse des

---

[1] Vgl. MEW 23, S.189

[2] Vgl. 'Grundrisse', S.158/159

Warentauschs und seiner Bestimmung durch Eigentum, Freiheit und Gleichheit reduziert sind. Bevor aber die Eigentümer als "ebenbürtige Funktionäre des gesellschaftlichen Prozesses" auf dem Markt in Kontakt treten, ist schon Entscheidendes geschehen. Der Geldbesitzer und der Arbeitskraftbesitzer gingen im Herstellungsprozeß der Waren als Kapitalist und Arbeiter ein recht ungleiches Verhältnis ein, in dem der Kapitalist - wie jeder Eigentümer - immer bestrebt war, den Gebrauchswert der von ihm gekauften Ware Arbeitskraft möglichst intensiv zu nutzen, was ihm die ausgenutzten Arbeitskräfte mit der Erarbeitung von mehr Wert, als sie selbst kosteten, lohnten. Wenn der "selbständige und daher gesetzlich mündige Arbeiter als Warenverkäufer mit dem Kapitalisten kontrahiert" (MEW 23,315), tut er das aus Gründen des physischen Überlebens und in der Regel freiwillig, denn an der Gleichheit des Tauschs ist tatsächlich nichts auszusetzen. Er fügt sich in der Sphäre der Produktion dem "stummen Zwang der ökonomischen Verhältnisse", die für ihn den Charakter von Naturnotwendigkeiten angenommen haben. "Außerökonomische, unmittelbare Gewalt wird zwar immer noch angewandt, aber nur ausnahmsweise" (MEW 23,765)[1].

Zusammenfassend läßt sich in bezug auf die gesellschaftliche Realität von Eigentum, Freiheit und Gleichheit beides sagen: Sie existiert, hervorgebracht durch das alltägliche und milliardenfache Handeln der Menschen in einer kapitalistischen Gesellschaft. Diese Welt der Gerechtigkeit und individuellen Autonomie ist aber be-

---

[1] Aber "es kostet Jahrhunderte, bis der 'freie' Arbeiter infolge entwickelter kapitalistischer Produktionsweise sich freiwillig dazu versteht, d.h. gesellschaftlich gezwungen ist, für den Preis seiner gewohnheitsmäßigen Lebensmittel seine ganze aktive Lebenszeit, ja seine Arbeitsfähigkeit selbst, seine Erstgeburt für ein Gericht Linsen zu verkaufen" (MEW 23,S.287).

grenzt auf die Sphäre des Marktes, und auch dort nur
existent als juristisch formale Gleichheit, Freiheit
etc., insofern nämlich von den besonderen Qualitäten der
Waren und der Warenbesitzer abstrahiert wird. So sehr
diese Rechte hier formal gelten und ihre Einhaltung
penibel beachtet wird, so wenig haben sie Gültigkeit
im Bereich der materiellen Produktion der Gesellschaft.
MARX spricht deswegen von "ökonomischen Charaktermasken"[1], in denen sich Warenbesitzer als gleichgestellte
Käufer und Verkäufer begegnen, deren Masken andere,
konfliktreiche Beziehungen verbergen.
Hinter der Autonomie der Warenbesitzer auf dem Markt
ist sehr schnell die Nichtexistenz von Verfügungsrechten sichtbar geworden: Für den Arbeiter der Zwang
zum Verkauf der einzigen ihm gehörigen Ware   - sich
selbst - und die Nicht-Kontrolle über Bedingungen und
Resultate seiner produktiven Tätigkeit; für den Kapitalisten das Diktat der Konkurrenz, die Plusmacherei,
das ihm im Vergleich zum Arbeiter zwar einen größeren
Konsumtionsfond und eine immanente Kommandogewalt einbringt, ihn aber auch nur zum "Funktionär des gesellschaftlichen Prozesses" macht.
Der partikulären und formalen Machtautonomie steht eine
allseitige gesellschaftliche Abhängigkeit aller Gesellschaftsmitglieder voneinander gegenüber, welche das bürgerliche Selbstverständnis der allgemeinen individuellen
Entscheidungshoheit angesichts gesellschaftlicher Zusammenhänge fast als Zynismus erscheinen läßt, so sehr
dieses Selbstbewußtsein auch in den Marktverhältnissen
seinen materiellen Grund hat.
Beide , der Schein individueller Selbständigkeit und
existentielle Abhängigkeit sind als Charakteristika der
kapitalistischen Gesellschaft zu begreifen. Zwischen

---

[1] Vgl. MEW 23, S.163

der <u>Verwirklichung</u> der bürgerlichen Moral in den Tauschprozessen und den Voraussetzungen des Tauschs in der Produktionssphäre ist jedoch zu unterscheiden. Nichts zeugt deswegen mehr vom Unverständnis dieser gesellschaftlichen Prinzipien als die Forderung nach '<u>mehr</u> Gerechtigkeit, Gleichheit' usf.; denn zum einen wird gemäß diesen Ansprüchen längst gehandelt und zum anderen ist ihre Gültigkeit auf ein eng umgrenztes Handlungsfeld notwendig begrenzt und kann gerade nicht für die grundlegenden ökonomischen Beziehungen gelten. - Ein Unverständnis, das MARX schon an den Frühsozialisten kritisierte[1].

In seiner Rezension von Bruno Bauers 'Judenfrage' hatte MARX diese Rechtsprinzipien in Form der politischen Menschen- und Bürgerrechte untersucht und an ihnen die nur politisch formale Emanzipation von der wirklichen Ungleichheit kritisiert. Am Beispiel der Spannung zwischen allgemeinem und besonderem Interesse konnte er auch dort schon die gesellschaftlich produzierte Notwendigkeit dieser vermeintlichen Naturrechte für die bürgerliche Gesellschaft aufzeigen. Was MARX zu diesem Zeitpunkt noch nicht möglich war zu denken, macht den Hauptgegenstand in 'Das Kapital' aus: die Erklärung der Genese gesellschaftlicher Unterschiede des Besitzes, der Bildung usf., der Aufweis der gesellschaftlichen Praktiken, welche dazu führen, "daß der gesellschaftliche Zusammenhang, der durch den Zusammenstoß der unabhängigen Individuen entsteht, zugleich als sachliche Notwendigkeit und als ein äußerliches Band gegenüber ihnen erscheint" ('Grundrisse', 909). Letzteres wird in 'Zur Judenfrage' als Spaltung des Menschen in Pri-

---

[1] Vgl. 'Grundrisse',S.160 und S.910; vgl. auch MARXens Spekulationen und Utopien über zukünftige, nachkapitalistische Gesellschaftsverhältnisse in MEW 25,S.828 und MEW 19,S.20 f.

vatier und politischen Bürger bezeichnet.
Erst die Analyse gesellschaftlicher Prinzipien in den
ökonomischen Beziehungen, die Erklärung der sozialen
Verhältnisse von Produktion und Markt als Produktionsverhältnisse, bietet die Möglichkeit zur Einlösung des
MARXschen Erkenntnisanspruches, "daß Rechtsverhältnisse
wie Staatsformen weder aus sich selbst zu begreifen
sind noch aus der sogenannten allgemeinen Entwicklung
des menschlichen Geistes, sondern vielmehr in den materiellen Lebensverhältnissen wurzeln" (MEW 13,8).

Zu Ende des Abschnitts 2.1.1, in dem die Thematik der
'Judenfrage' dargestellt ist, wurde bereits die mögliche Aussagefähigkeit MARXscher Denkresultate zum Verständnis der pädagogischen Gesellschaftstheorie ge-
prüft. Die MARXschen Fragestellungen wiesen dort durchaus noch Gemeinsamkeiten auf mit einem Gesellschafts-
verständnis, wie wir es auch in der Erziehungstheorie vor-
finden. Einer präziseren Beschreibung der Emanzipations-
ideale als auch einer Analyse materieller Gründe, die
für das Zustandekommen dieser Imaginationen verantwortlich gemacht werden können, folgt nun im dritten Kapitel
eine abschließende Betrachtung der emanzipatorischen
Erziehungstheorie und eine Reinterpretation pädagogischer
Sachverhalte aufgrund gewonnener Erkenntnisse.

3 Erziehung und Emanzipation in der kapitalistischen Gesellschaft

Der Kontext, in dem sich der Emanzipationsbegriff bewegt, ist das Feld der <u>politischen</u> Auseinandersetzung. Das Politisch-Moralische ist schon an den Soll-Bestimmungen in den pädagogischen Texten abzulesen. Das Insistieren auf einer wissenschaftlichen Ist-Analyse nährt die Kritik an erziehungswissenschaftlichen Idealen, die sich ganz in der Sphäre der Einbildung zu bewegen scheinen. Emanzipation und Entfremdung repräsentieren nach dieser Kritik die zwei Pole eines humanistisch-historischen Topos, das durch die Spezifik materieller Beziehungen beständig neu erzeugt wird. Sowenig das Zentrum dieser Argumentation, die Sinnhaftigkeit von Geschichte oder ein natürliches Wesen des Menschen, anders als durch historisch-hermeneutische Verfahren vermessen werden kann, so wenig läßt sich ein bestimmter Zustand oder Zeitpunkt auf der moralischen Skala wissenschaftlich entscheiden.
Eine materialistische Gesellschaftsanalyse zeigt hingegen, wie das Verdecktsein der materiellen Gründe solcher Topoi selbst zur Funktionsweise kapitalistischer Gesellschaft gehört und Nichtwissen keineswegs als Täuschung zu begreifen ist. Es kann eingesehen werden, daß gerade dieses "Hinter dem Rücken" der Gesellschaftsmitglieder selbst einen wichtigen Beitrag zur ständigen Reproduktion der bestehenden sozialen Verhältnisse leistet.

Wenn von nun an über Erziehung gesprochen wird, gilt es nicht mehr, die Möglichkeit oder Unmöglichkeit von Emanzipation zu diskutieren. Hingegen sind im folgenden die gesellschaftstheoretischen Sachverhalte mit dem Material der pädagogischen Theorien in Verbindung zu bringen. Die im ersten Kapitel übrig gebliebenen "weissen Flecken" der Erziehungstheorie können jetzt benannt werden.

3.1 Die gesellschaftstheoretische Erklärung des pädagogisch-emanzipatorischen Programms

Eine bestimmte Verfassung der sozialen Realität bestimmt in praradigmatischer Weise das gesellschaftliche Handeln der Menschen, auch das der theoretischen Praxis. Präziser: Der terroristische Einfluß einer unterschwelligen, weil nicht gewußten Realität auf Bewußtsein und Theorien ist auf spezifische Beziehungsformen zurückzuführen.

Entgegen oder trotz dieser gesellschaftsanalytischen Synthese gibt es die Spaltung in zwei Wirklichkeiten: Eine reale Fiktion, die auch als praktizierte Ideologie bezeichnet wurde, und eine fiktive Realität, die prägt, ohne gewußt zu werden. Die Aufrechterhaltung der Trennung von Zusammengehörigem verdankt sich wiederum jenen grundlegenden gesellschaftlichen Praxen, die nach MARX die "kapitalistische Produktionsweise und ihr entsprechende Produktions- und Verkehrsverhältnisse" konstituieren.

Wie diese Trennung in der theoretischen Praxis zementiert wird, aber auch wie sie dort aufgelöst werden kann, davon handelt der erste Teil dieses Abschnitts (I).

Dort, wo diese Spaltung zum Problem eines pädagogischen Krisenmanagements mit harmonisierender Absicht wird, nämlich auf der Ebene des einzelnen Zöglings, reproduzieren die ständigen Anpassungsbemühungen jene praktischen Trennungen, die im Nachhinein theoretisch gekittet werden sollen. Die entsprechende Beweisführung im zweiten Teil (II) verspricht darüber hinaus ein entscheidbares Ende des anhaltenden pädagogischen Streits um die beste Erziehungs-, sprich Anpassungstechnik.

Zu I.

Gesellschaftstheoretisch ist <u>Trennung</u> als Bruch oder Nicht-Vermittlung, als Abgetrennt-Sein zu verstehen. Getrennt werden Gegensätzlichkeiten, die durch MARXsche Theorie nicht überspielt oder in irgendeiner Weise 'dialektisch verbunden' werden. Die Werttheorie ist hingegen als Versuch einer präziseren begrifflichen Fassung von Trennungen zu begreifen. Bei MARX werden sie meist Widersprüche oder Antagonismen genannt. MARX stößt auf antinomische Formulierungen innerhalb der wissenschaftlichen Literatur, die er nach intensivem Studium schließlich als, wenn auch irreführenden, Ausdruck gesellschaftlicher Realitäten betrachtet. Diese Erkenntnisarbeit kann als eine ideologiekritische Präzisierung gesellschaftsanalytischer Kenntnisse 'mit Hilfe' bürgerlicher Theorien bezeichnet werden.

Das MARXsche Wissen in der 'Kritik der Politischen Ökonomie' zeichnet sich dadurch aus, daß es im Gegensatz zur 'bürgerlichen Theorie' mit <u>jedweder</u> politischer Befangenheit gebrochen hat. Der Bruch mit einem politischen Apriori schließt eine Interpretation <u>unter politischer Perspektive</u> nicht aus. Trennung kann dann als potentielle Nicht-Trennung, als mögliches Überschreiten der Grenzen thematisiert werden. In <u>diesem</u> Sinne ist MARXsche Theorie nicht wertfrei, d.h. es bleiben nicht beliebig viele politische Interpretationen begründbar; durch Theorie ist ein Terrain abgesteckt, innerhalb dessen Grenzen sich auch politische Überlegungen bewegen müssen. In diesem Sinn wurde von Paradigmen gesprochen, die alle gesellschaftlichen Praxen strukturieren.

Trennungen werden in der pädagogisch-emanzipatorischen Theorie in vielfältiger Weise thematisiert: Natur und Gesellschaft, Vernunft und Geschichte, Ideal und Wirklichkeit, Theorie und Praxis sind die hauptsächlichen Gegensatzpaare, von denen andere wie 'erziehungsbedürf-

tiger Mensch versus mündiger Bürger' lediglich Spezifikationen darstellen.
Für die pädagogische Gesellschaftstheorie ist die Trennung von Menschennatur und Gesellschaft das maßgebende Paradigma. Zu beachten gilt, daß Trennungen nicht nur in Form eines kontroversen Gegeneinanders ausdrückbar sind, sondern auch in der Formulierung von Gemeinsamkeiten. So wird z.B. in der Formulierung "Verflechtung der pädagogischen Probleme in politische, gesellschaftliche und wirtschaftliche Zusammenhänge" (KLAFKI) durch die betonte Verschiedenheit der Zusammenhänge ein Gegensatz erzeugt, der auch durch das Wort "Verflechtung" nicht beseitigt ist. Hier soll theoretisch verbunden werden, was praktisch auseinandergefallen ist.
Die Tragweite solcher Trennungen wird deutlich, wenn wiederum die gesellschaftstheoretischen Kernaussagen betrachtet werden.
Das allen Gemeine, das Verbindende zwischen den Menschen, kurz: das Gesellschaftliche, ist in der pädagogischen Theorie durchweg als _äußerer Rahmen_ gesetzt. Ausgangs- und Zielpunkt pädagogischer Bemühungen hingegen ist der Mensch als Einzelwesen. Auch dort, wo _der_ Mensch in Verbindung gebracht wird mit Gesellschaft, bleibt die Kluft zwischen beiden gewahrt.
Emanzipation als pädagogische Befreiung von gesellschaftlicher Herrschaft, Parteinahme "für den einzelnen Menschen als Menschheit" (BLANKERTZ), "Realisierung von Freiheit, Gerechtigkeit und Vernunft" im pädagogischen Feld (KLAFKI) - solche Aufgabenstellungen des erzieherischen Programms setzen die pädagogische Institution als 'geschlossene Abteilung' voraus, die nur bedingt in einer Beziehung zu stehen scheint zu anderen Welten. Die Bestimmung des erlaßgesteuerten Schulalltags als ein immanenter pädagogischer Raum, in dem sich essentielle Beziehungen zwischen Erzieher und Erziehungsbedürftigen ereignen, wo gesellschaftliche Voraussetzungen

als dingliche Sachverhalte zeitlich und räumlich abgetrennt erscheinen, erfordert allerdings ein beträchtliches Maß an Abstraktion von den sozialen Beziehungen in Erziehungsprozessen.
Wie kann es zur Forderung kommen, den Vernunft<u>anteil</u> in der Erziehung zu stärken, eine Forderung, die das Unvernünftige mit einschließt und es im selben Atemzug dem äußeren Rahmen politischer und ökonomischer Mächte zuschreibt, deren angeblich vernunftverhindernder Einfluß auf pädagogische Handlungen überhaupt erst die 'kritische Überprüfung' des Bestehenden herausfordert?

Die Antwort auf diese Frage ist in den Ausführungen des vorhergehenden Kapitels enthalten. Der Ort für recht äußerliche und formale Bande zwischen den Menschen ist dort als die Sphäre des Tausches oder der Zirkulation beschrieben. Auf dem Markt erfolgt das Zusammentreffen autonomer Warenbesitzer unter Bedingungen, die, rechtlich fixiert, für alle gleichermaßen gelten und in dieser juristisch gleichen Form das Handeln bestimmen. Hier ist der Ort, wo die gesellschaftlichen Abhängigkeiten zwischen den Austauschenden die Gestalt von Beziehungen zwischen einzelnen Individuen und Sachen oder Waren annehmen. Es kann von einem äußeren Rahmen gesprochen werden, wenn hinzugefügt wird, daß die rechtliche Regelung nur als eine notwendige Bedingung für die Verfolgung des individuellen Eigeninteresses existiert.
Die Gleichgültigkeit gegenüber dem Besonderen des sozialen Kontakts, in der juristischen Form versteckt, läßt das allen Gemeinsame und die gegenseitige Abhängigkeit von sekundärer Bedeutung erscheinen und umgekehrt die individuelle Nutzenmaximierung zum eigentlichen Inhalt menschlichen Handelns werden. Das Egoistische der Menschen, schnell identifiziert mit <u>der</u> Natur, wird zur anthropologisch gedeuteten Henne, die im nachhinein das gesellschaftliche Ei legt.

Ersetzt man den eher wirtschaftstheoretisch fundierten
Ausdruck 'Nutzenmaximierung' durch die pädagogische
'Selbstentfaltung des Menschen', so befindet man sich
mitten in der pädagogischen Gesellschaftstheorie.
Das, was die Pädagogik schwindelig werden läßt bei ihrer
theoretischen Verortung von Erziehung, die zirkulär
begründete Trennung zwischen Individuum und Gesellschaft -,
erklärt MARX als Trennung zwischen den gesellschaftlichen Individuen und den Produkten ihres eigenen gesellschaftlichen Handelns. Die Resultate menschlicher
Aktivitäten sind dort als Verhältnisse zwischen Personen analysiert, auch wenn sie an Dinge gebunden sind
bzw. als Verhältnisse zwischen Dingen erscheinen[1].
Es gibt nichts Menschliches, was den Menschen äußerlich
sein könnte, und gerade die Dinge aller Dinge in dieser
Gesellschaft, Ware und Geld, repräsentieren entgegen
dem Fetischismus, der mit ihnen getrieben wird, soziale
Beziehungen grundlegender Art. Sie erscheinen als
Elementarformen des Reichtums kapitalistischer Gesellschaften, sind aber nur als Elementarformen von
Kapital als sozialem Verhältnis zu begreifen[2].
Über die Trennung der Produzenten von ihrem Produkt wie
von ihren Arbeitsmitteln konstituiert sich eine tiefere
Trennung in gesellschaftliche Klassen, die in spezifischer Art und Weise aufeinander bezogen sind und nur
in diesem Bezug existieren können. Der bewußten Kontrolle der Menschen entglitten, lassen solche Sozial-
verhältnisse das einzelne Gesellschaftsmitglied und
die Klassen nur als Träger bestimmter Beziehungen zu.

Der Mensch als zwecksetzendes Subjekt ist hier nicht
der theoretischen Willkür MARXens zum Opfer gefallen,
sondern Konsequenz eines Nachdenkens über soziale Verhältnisse, die einen Bruch mit der humanistischen Er-

---

[1] Vgl. F.ENGELS in MEW 13,S.476

[2] Vgl. MEW 23,S.49; 'Resultate',S.3

klärung notwendig machte, um Gesellschaft adäquater als Nicht-Individuum begreifen zu können.

Nutzenmaximierung und Selbstentfaltung der Einzelnen sind Teile desselben Vergesellschaftungsprozesses, dessen herrschender Selbstzweck die Vermehrung der Werte um der Vermehrung willen ist[1].

Der 'natürliche Mensch' der bürgerlichen Gesellschaftstheorie ist der egoistische Besitzbürger bzw. das erziehungsbedürftige Einzelwesen Mensch. Die Befriedigung seiner Bedürfnisse scheint diesem isolierten Einzelnen der einzige Lebenssinn; konsequenterweise kommt ihm die Arbeit zum Erwerb seiner Existenzmittel und noch mehr die rechtliche Geschäftsgrundlage ausschließlich als taugliches Mittel und äußerliche Notwendigkeit zur Erfüllung seines privaten Glücks vor. Es ist der Robinson inmitten einer Masse von Robinsons, die sich ihres gesellschaftlichen Zusammenhangs nicht bewußt sind. Indem sie aufgrund ihrer allseitigen Abhängigkeit voneinander sich gegenseitig zum Mittel machen, erscheint ihnen ihre wechselseitige Instrumentalisierung als Freiheit voneinander.

Es ist dies die Freiheit der Konkurrenz, "die freie Entwicklung auf einer bornierten Grundlage - der Grundlage der Herrschaft des Kapitals. Diese Art individueller Freiheit ist daher zugleich die völligste Aufhebung aller individueller Freiheit und die völlige Unterjochung der Individualität unter gesellschaftliche Bedingungen, die die Form von sachlichen Mächten, ja von übermächtigen Sachen - von den sich beziehenden Individuen selbst unabhängigen Sachen - annehmen" ('Grundrisse', 545).

---

[1] "Der bürgerliche Reichtum und der Zweck bei aller bürgerlichen Produktion ist der Tauschwert, nicht der Genuß" ('Grundrisse', S.804).

Die (wert-)produktionstheoretische Erklärung von Konkurrenz und Tausch macht die Borniertheit dieser Freiheit, das Äußerliche der Gleichheit, die Diskrepanzen hinsichtlich des Inhalts von Privateigentum sichtbar.
Die pädagogischen Forderungen nach Befreiung, Gleichberechtigung, Selbständigkeit, immer und notwendig bezogen auf den vereinzelten Einzelnen, sind in der Sphäre des Tauschs und der Konkurrenz <u>bereits verwirklicht</u>. Hier und nur hier ist der Ort der Vernunft, wo keiner den anderen betrügt und sich alle die rechtlichen Schranken ihres Gewinnstrebens zum eigenen Vorteil freiwillig auferlegen. Die Vernunft realisiert sich in der Verfolgung der gesellschaftlichen Zwecke, die vom Einzelnen nicht gewußt werden und sich ihm in anderer Form abhängig von seinem eigenen Willen darstellen, ganz im Sinne einer hypostasierten "Verfügung des Menschen über sich selbst" (LEMPERT). Derart vernünftiges Handeln reproduziert jedoch gerade die ungewußten gesellschaftlichen Zwecke.
Das Unvernünftige, das die emanzipatorische Theorie erfolglos versucht in dieses "Reich der angebornen Menschenrechte" zu integrieren, tritt dem Vernunftmenschen der Zirkulation als ihm äußerliche Beschränkung gegenüber. Kritische Pädagogik mit dem Anspruch einer Gralshüterin der Vernunft beklagt gesellschaftliche Schranken der Erziehung, die je nach theoretischem Niveau an der Dreigliedrigkeit der Ausbildungsorganisation oder "auch an politisch-ökonomisch bedingten Herrschaftsformen" festgemacht werden. In den Worten von MARX ausgedrückt, beschwert sich der nur an seinem egoistischen Bedürfnis orientierte Privatmensch über Ungleichheiten und Ungerechtigkeiten, über die er als politischer Staatsbürger zuvor gerade hinweggesehen hatte.
Weder kann die kritische Erziehungstheorie verstehen, daß die politische Emanzipation von materiellen Ungleichheiten nur die Voraussetzung für den egoistischen

Einzelkämpfer darstellt, noch ist sie in der Lage, diese Trennung zwischen vernünftigem Mensch und unvernünftiger Gesellschaft, zwischen politisch emanzipiertem Bürger, der um die Gleichheit weiß, und egoistischem Privatier, der diese Grenzen am anderen Privatier erfährt, zu erklären[1].

In der MARXschen Kritik der Politischen Ökonomie wird das Kapital als "die alles beherrschende ökonomische Macht der bürgerlichen Gesellschaft" bezeichnet. Es ist "eine bestimmte Produktion, die allen übrigen, und deren Verhältnissen daher auch allen übrigen, Rang und Einfluß anweist. Es ist eine allgemeine Beleuchtung, worein alle übrigen Farben getaucht sind und (welche) sie in ihrer Besonderheit modifiziert. Es ist ein besondrer Äther, der das spezifische Gewicht alles in ihm hervorstechenden Daseins bestimmt" ('Grundrisse', 27).

Der Produktionsprozeß wird als ein das Handlungsgefüge der Menschen wesentlich strukturierendes soziales Verhältnis analysiert[2]. Der Gebrauch der mehrwertschaffenden Ware Arbeitskraft im Produktionsprozeß ist das wesentliche Moment des gesamten Kapitalverwertungsprozesses, von Warenproduktion und Warentausch. Der Gleichheit des Tauschs von Arbeitsvermögen gegen die durchschnittlich üblichen Existenzmittel entspricht im kapitalistischen Arbeitsprozeß die Ungleichheit der Produktionsagenten, die in der privaten Aneignung fremder Arbeitsprodukte ihren praktischen Ausdruck findet.

Die Unterwerfung der Menschen unter von ihnen selbst geschaffene Prinzipien als partikuläres Defizit individueller Autonomie zu begreifen, macht das besondere Unver-

---

[1] Gesellschaft ist in dieser Theorie immer der andere.

[2] - Und ist nicht, wie es die Pädagogik in ihren Anspielungen auf wirtschaftliche Bedingungen der Vulgärökonomie entlehnt, mit einer Theorie der Zweck-Mittel-Optimierung zu begreifen.

ständnis der kritisch-emanzipatorischen Erziehungstheorie aus. Das Nichtwissen der Gründe für Gleichheit und Ungleichheit, Vernunft und Unvernunft, läßt das Wollen von Emanzipation, die "Verbesserung des Gegebenen", zur reinen Apologetik der bürgerlichen Rechtssphäre verkommen - auch dort, wo statt ideengeschichtlicher Rückbesinnung auf gesellschaftliche Ursachen hingewiesen wird.

Die 'Befangenheit der (pädagogischen) Kritik im Einflußbereich des Kritisierten' (D.KAMPER) ist ihren grundlegenden Sichtweisen abzulesen. Die zirkuläre Erklärung von menschlicher Natur und 'unmenschlicher' Gesellschaft spricht auf ihre ideologische Weise die Gegensätzlichkeiten der sozialen Verhältnisse aus. Die Kontinuität des dichotomischen Leerlaufs der Erklärung ist an das Fortbestehen dieser Gesellschaftsform gebunden.

Nach dieser Lesart der pädagogisch formulierten Trennungen zeigt der folgende zweite Teil des Abschnitts, wie Anpassung als Movens des pädagogischen Programms diese Trennungen immer wieder praktisch werden läßt.

Zu II.
Die in pädagogischen Theorien durchaus präsente Einsicht, daß Gesellschaft nicht 'immer' nach pädagogischen Wunschvorstellungen funktioniert, führt bei gleichzeitiger Aufrechterhaltung dieses Wunsches zu einer Praxis des erzieherischen Engagements, in der versucht wird, eine Annäherung zwischen pädagogischen Ansprüchen und den widerstrebenden Objekten erzieherischer Bemühung zu erzielen. Abgesehen von der Absurdität, eine pädagogische Leitidee wie 'Selbstverwirklichung' qua pädagogischer Kontrolle verwirklichen zu wollen, muß hier von einem permanenten und wechselseitigen Anpassungs-

druck zwischen pädagogischem 'Material' und Erziehungszielen gesprochen werden[1].

Diese Art der Anpassung, ein Resultat des (gesellschaftstypischen) Erziehungsdenkens und -handelns, tritt jedoch hinter einer wesentlicheren Anpassungsproblematik zurück, die in die erziehungstheoretische Argumentationsstruktur eingelassen ist. Ich komme dabei zurück auf das, was im ersten Kapitel als "theoretische Leerstelle gesellschaftlicher Wandel" bezeichnet wurde. Eine Leerstelle, die auf vielfältige, aber ungewußte Weise das Denken über Erziehung strukturiert: Anpassung an 'veränderte Bedingungen' ist die zentrale Triebfeder des emanzipatorischen Erziehungsprogramms. Das für den Erfolg der Anpassung wichtige Wissen über diese 'Bedingungen' ist der Kritischen Erziehungswissenschaft Anlaß zur Befassung auch mit Gesellschaft.

Dieses durchaus instrumentelle Interesse an Gesellschaftsanalyse und in der Folge auch an 'Gesellschaftsverbesserung' deutet auf die allen Erziehungstheorien eigenen sozialtechnologischen Züge hin. Das ständig proklamierte "Primat der Praxis gegenüber der Theorie" scheint sich vor allen Dingen im Auffinden der richtigen Mittel der Anpassung niederzuschlagen[2].

Der emanzipatorischen Pädagogik geht es in ihrem Selbstverständnis weniger um die Erkenntnis ihrer Gegenstände als um das "Wohl des Zöglings", das heißt um erfolgreiche Maßnahmen zur Ersetzung defizienter Natur. Dies gilt auch dort, wo gesellschaftsanalytische Ansprüche formuliert werden bzw. der Mangel an grundsätzlichen Kenntnissen lauthals beklagt wird. Intentionales

---

[1] Die Illustration dieses Zwanges, der in eine wechselseitige Instrumentalisierung zwischen Erzieher und Zögling mündet, ist am Beispiel jeder beliebigen Erziehungspraxis möglich.

[2] Dieses Primat realisiert sich aber in einer typischen Verkehrung: als Primat der Theorie über die Praxis.

Handeln des Zöglings wird zum Mittel von Zielen zu machen versucht, die sich seinem Wissen und seiner Bestimmung entziehen. Ob dies gelingt oder nicht bzw. wie dies gelingt, hat keine Bedeutung und ist auch nicht unter moralischen Gesichtspunkten zu bewerten.

Wir finden hier eine Zweck-Mittel-Logik vor, wie sie in gleicher Weise von MARX für die sozialen Verhältnisse von Produktion und Tausch in der kapitalistischen Gesellschaft beschrieben wird. Das Streben des Lohnarbeiters, seine Existenzgrundlage zu erhalten oder zu verbessern, gerät dort hinter seinem Rücken in den Sog einer Triebkraft, die ihn zum Mittel der Profiterzeugung macht. Nachdem die _allgemeine_ Bedeutung dieser Verhältnisse mehrfach betont wurde, kann die Übereinstimmung zwischen dem sozialtechnologischen Charakter von Didaktik und solcherart kapitalistischer Vernünftigkeit nicht mehr verwundern.

Die anpassenden Intentionen des pädagogischen Programms gesellschaftstheoretisch ernstzunehmen, bedeutet herauszufinden, worin die pädagogische Anpassungsleistung in dieser Gesellschaft besteht. Woran soll eine Gewöhnung erzielt werden, was muß harmonisiert werden?

Ohne Zweifel ist es in der Erziehungstheorie der einzelne Mensch, der einer Dynamisierung unterzogen werden soll.
Aus der Analyse des Kapitalbegriffs ergibt sich, daß nur produziert wird, wenn sich Profite erzielen lassen. Die Konkurrenz fungiert als Motor des Produktionsprozesses, in dem sie die Steigerung des Profits als permanente Notwendigkeit installiert. Expandieren und Intensivieren lauten die Parolen der "rastlosen Verwertung des Werts". Dies bewirkt und wird bewirkt durch eine sich ständig wiederholende Umwälzung der tech-

nischen und organisatorischen Produktionsabläufe, auf
deren flexibilitäts- und mobilitätstheoretische Bedeutung schon weiter oben hingewiesen wurde.
Die gesellschaftstypische Verkehrung einer Anwendung
von Arbeitern durch die Produktionsmittel erfordert
angesichts der ständigen Effektivierung des kapitalistischen Arbeitsprozesses unter dem Kriterium erhöhter Profite von den Arbeitskräften selbst hohe körperliche und
seelische Anpassungsleistungen, wollen sie ihrer einzigen Möglichkeit der Einkommens- und Lebenserhaltung
nicht verlustig gehen.
Vom Standpunkt des Kapitals aus betrachtet, stellt die
Arbeitskraft einen relativ schutzwürdigen Produktionsfaktor dar - relativ, insoweit er tatsächlich benötigt
wird und nicht der Kostenersparnis zum Opfer fällt[1].
Die Wirtschaftstheorie ist sich der beschriebenen Anpassungsproblematik durchaus bewußt, was beispielsweise in den jährlichen Gutachten des von der Bundesregierung bestallten Sachverständigenrats zur Begutachtung der gesamtwirtschaftlichen Entwicklung nachzulesen ist, in denen es nicht mangelt an pädagogischen
Vorschlägen zur Aufklärung und Beratung der "Erwerbstätigen".
Der Erfolg einer Transformation solcher Anpassungserfordernisse in curriculare und didaktische Maßnahmen
mag durchaus ungewiß sein, das ändert jedoch nichts an
den Inhalten des Erziehungsprogramms, die sich hinter
vagen Formulierungen über Wandel und Ausgleich verbergen.
Es gilt hervorzuheben, daß die Anpassung der Menschen
an wechselnde Formen des in seiner <u>Struktur</u> unverändert
existierenden Produktionsprozesses eine <u>ökonomische</u>

---

[1] Die Minimierung von Kosten steht durchaus in Einklang mit der Maximierung der Warenmenge.

Form der gesellschaftlichen Integration bedeutet, insofern unter gegebenen Verhältnissen die Existenzsicherung von erfolgreichen Anpassungsleistungen abhängt. Damit wird dem zentralen pädagogischen Dogma widersprochen, demgemäß institutionalisierte pädagogische Erziehungsprozesse das Handeln der Menschen bestimmen.
Nichtökonomische Integrationsformen bekommen ihren Sinn erst auf dem Hintergrund der materiellen gesellschaftlichen Selbsterzeugung[1]. Den allgemeinen Produktionsverhältnissen ist der Stempel der Produktionsbeziehungen aufgedrückt, auch wenn das Gesamte der gesellschaftlichen Lebensformen nicht restlos im Begriff 'Kapital' als sozialem Verhältnis aufgeht.
Erziehung und Ausbildung bleiben funktional bezogen auf die stete Reproduktion existenter gesellschaftlicher Strukturen. Gerade dort, wo sich der Erzieher autonom und nur sich selbst verantwortlich wähnt, verkörpert er den Träger gesellschaftlicher Verhältnisse.
Die Leerstelle des sozialen Wandels in der kritischen Erziehungstheorie verdeutlicht nachhaltig, wie die Pädagogik auf ungewußte gesellschaftliche Zusammenhänge reagiert und ihr Programm daran orientiert.
Das Wollen von Emanzipation ist mit guten Gründen als Wunsch nach reibungslosem Verkehr zwischen den sich unabhängig dünkenden und miteinander konkurrierenden Individuen interpretierbar.
Der pädagogische Beitrag zur Anpassung der Menschen an die von ihnen produzierten, aber nicht mehr gewußten gesellschaftlichen Resultate manifestiert sich in Erziehungsprozessen mit lebensgeschichtlicher Kontinuität.

---

[1] Vgl. dazu die von E.SCHLICHT (1976, S.16 f.) aufgeworfenen Fragen zum Verhältnis von gesellschaftlicher Organisation und Formen der Integration.

Diese Erziehungsprozesse können mit Bezug auf ihre Abhängigkeit von der ökonomischen Reproduktion der Gesellschaft als <u>einführend</u>, <u>begleitend</u> und <u>nachfolgend</u> charakterisiert werden. Pädagogische Bemühungen richten sich auf die Gewöhnung der Menschen an die Lebensformen des Besitzbürgers, sie zielen in verschiedenster Weise auf eine Fähigkeit der Menschen, den Zwang der ökonomischen Dynamisierung aushalten zu lernen, ein erhebliches erzieherisches Engagement ist schließlich bei der Reparatur der menschlichen Folgeschäden festzustellen.

Die Inhaltsanalyse mit Hilfe der Kategorien Trennung und Anpassung verdeutlichte den rigide integrationsorientierten Charakter der pädagogischen Wissenschaft. Im Resultat kann sogar von einem notwendig affirmativen Wesenszug jeder Erziehung in dieser Gesellschaft gesprochen werden, ist einmal die Hintertür des 'humanistischen Subjekts', das sich im emanzipatorischen Sinne gegen gesellschaftliche Strukturen wendet, endgültig zugeschlagen.

Die gleiche gesellschaftliche Affirmation findet sich im übrigen auch in den meisten 'marxistischen' Theorien der Erziehung. Zwar ist dort Erziehung gänzlich einem 'kapitalistischen Verwertungsinteresse' subsumiert, gleichzeitig besteht aber keine Scheu zuversichtlich zu behaupten, die Zukunft der Arbeiterklasse als sich emanzipierendes Subjekt sei "völlig von der Erziehung der heranwachsenden Generation abhängig"[1]. Die paradigmatische Trennung von Individuumsnatur und Gesellschaft wird auch hier nicht aufgegeben. Die häufig benutzte Leerformel, Erziehung sei "immer schon gesellschaftlich", vermag davon nicht abzulenken.

---

1 L.v.WERDER,1974, S.73

Folgerichtig kann es in den folgenden letzten Abschnitten nicht darum gehen, eine neue 'positive' Erziehungsmethode zu kreieren. Gesellschaftstheoretische Analysen von Erziehung sind in der Lage, Borniertheit und politische Befangenheit von Erziehungstheorien zu kritisieren, sie können aber nicht als Handlungsanleitung zu einer wie immer gearteten 'besseren' Erziehungstechnik umgemünzt werden.

3.2 Erziehung zu Bürgern

Hinter der Formulierung 'Erziehung zu Bürgern' verbirgt sich nicht nur die Frage nach der besonderen Eigenschaft der pädagogischen Anpassungstechnik, sondern ebenso die Frage nach erzieherischen Sozialtechniken in der Psychologie, der Medizin, aber auch im Bereich von Politik, Justiz und Polizei. Insofern die Beantwortung eine Untersuchung der Wirkungen erzieherischer Veränderungstechniken auf die <u>einzelnen</u> Bürgermenschen nahelegt, setzt sich eine gesellschaftstheoretische Analyse beständig einer "Anthropologisierung als große innere Gefahr der Wissenschaften (FOUCAULT)[1] aus. Humanwissenschaftliche Aussagen laufen stets Gefahr, hinter die Kritik an der Annahme eines vorab gesetzten Vernunftsmenschen zurückzufallen und so ihren Anspruch, produktive Erkenntnisse der subjektiv-menschlichen Sedimentierung von Gesellschaftsstrukturen zu leisten, zu unterminieren. Die Kritik an der Verbesserung des Menschen hat sich schon zu oft als Neuauflage des immer gleichen Resozialisierungsprogrammes herausgestellt[2].

---

[1] Vgl. M.FOUCAULT,1971, S.413 ff
[2] Die Kritische Theorie der 'Frankfurter Schule' illustriert in vielen Teilen, wie die paradigmatische Macht gesellschaftlicher Strukturen

Die Schärfe der (anti)pädagogischen Kritik liegt etwa bei R. SCHERER ohne Zweifel darin, daß nicht nur ein im engen Sinne pädagogisches Verfahren mit den Menschen moniert wird, sondern jedes methodische Vorgehen und jede Kontrolle der Erziehungsgewaltigen in bezug auf die von ihnen Beherrschten an den Pranger gestellt wird. Trotzdem gerät die "Antipädagogik" von R.SCHERER am Ende doch wieder zur besseren Methode, in der eine "produktive Sexualität" die Stelle der Natur einnimmt[1].

Demgegenüber betreibt M.FOUCAULT eine nüchtern analytische Skelettierung aller Sozialtechnologien, die, als geschichtliches Datum behandelt, das systematische Ausmaß an Gewaltbeziehungen zwischen herrschender Macht und den vielen Körpern und Seelen dieser Gesellschaft offenlegt. FOUCAULT geht es um die Analyse von Disziplinartechniken und -wissen im Machtbereich politischen Handelns, deren Sozialgeschichte identisch ist mit dem 'Reifen' dieser Gesellschaft[2]. Der "normierende Blick, die qualifizierende, klassifizierende und bestrafende Überwachung" sind in diesem Kontext Merkmale aller Arten von Prüfungen, die in den verschiedenen "Disziplinaranstalten" abgehalten werden müssen, - von der Fabrik über das Militär bis hin zur Schule[3]. Offene und ver-

---

der Kritik an ihnen ihren Stempel aufdrückt. Ob "Selbstreflexion der kritischen Aufklärung" und "Erfassung des Nichtbegrifflichen im Begriff" (M.HORKHEIMER, T.W.ADORNO) als theoretisch-philosophische Dämme gegen den Einbruch der herrschenden Unvernunft oder die Verweigerung der herrschenden gesellschaftlichen Praxen als politische Maßnahme bei H.MARCUSE - die eingeschlagenen Lösungswege zur (Wieder-) Herstellung vernünftiger Verhältnisse bleiben der Problemfassung Vernunft/vernünftige Individuen versus unvernünftige Verhältnisse verhaftet.

1 Vgl. R.SCHERER,1975

2 Zur Machttheorie von M.FOUCAULT vgl. H.FINK-EITEL,1980

3 Vgl. M.FOUCAULT,1976

steckte Pädagogisierung ist Teil des Resultats einer Liaison zwischen Machtverhältnissen und politisch instrumentalisiertem Wissen über die Menschen.
Wer in "wesentlichen Teilen der Pädagogenschaft (...) ein Widerspruchsmoment innerhalb der bürgerlichen Gesellschaft" entdeckt[1], muß sich den Vorwurf der Befangenheit gefallen lassen. Auch jeder Versuch, unter Verwendung MARXscher Theoreme bestimmten "Verkehrsformen der Zirkulationssphäre" eine subversive Bedeutung beizumessen, scheitert an der systematischen Unzulänglichkeit solcher Argumentationsweisen. Die pädagogische Forderung nach Erziehungsinhalten, die sich "nicht ausschließlich" aus dem technischen Charakter der Produktion herleiten, verfehlt wie die kritisierte Herleitung von Erziehungsmerkmalen aus der produktiven Tätigkeit die gesellschaftstheoretische Ebene unterschiedsloser abstrakter Arbeit. Eine prinzipielle Trennung zwischen Warenproduktion und davon verschiedenen 'autonomen' Lebensbereichen wiederholt leichtfertig die übliche Lebenslüge der aufklärerischen Pädagogik, in der nichts mehr aufscheint von der gewalttätigen Weise der Vergesellschaftung, die ihr Lebenselixier aus den ökonomischen Beziehungen zieht.

---

[1] Vgl. G.AUERNHEIMER,1977, S.302

3.3 Qualifizierung zu Arbeitskräften

Die Analyse des folgenden Abschnitts geht aus von der produktionstheoretischen Erklärung von Arbeit und Tausch, Warenproduktion und Reproduktion der Arbeitskräfte[1].

Gesellschaft oder allen gemeine Lebensinhalte erklären sich danach aus den sozialen Bindungen, welche die Menschen bei der Schaffung ihrer materiellen Existenz eingehen. Aus der Analyse dieser Verhältnisse ergeben sich gesellschaftliche Prinzipien, deren Status jede Art von Tätigkeit und menschlichem Sein in ein spezifisches Licht taucht.

Eine gesellschaftsanalytisch fundierte Theorie über Erziehung und Ausbildung muß notwendigerweise pädagogische Prozesse und Verfahren mit diesen Prinzipien in Verbindung bringen.
Die folgenden Überlegungen konzentrieren sich auf Ausbildung und Erziehung jener Menschen, die, als Arbeitskräfte gegen Lohn eingetauscht, gesellschaftliche Arbeit in der spezifischen Form von abstrakter Arbeit leisten. Es wird gefragt nach dem Einfluß der doppelbödigen konkret/abstrakten Arbeit auf die Ausbildung zu solcherart Tätigkeit. Darüber hinaus stellt sich das Problem, wie andere Bildungsprozesse, z.B. die Familienerziehung, mit der Qualifizierung zu Arbeitskräften in Beziehung stehen.

---

[1] Eine Untersuchung der psychischen Konfigurationen oder des Prozesses, in dem diese Vergesellschaftung jene symptomatische Freiwilligkeit und ihr entsprechende Kosten bei den Individuen erzeugt und damit den Zwang nicht mehr sichtbar werden läßt, ist in den zitierten Arbeiten von D.KAMPER und M.FOUCAULT intendiert.

Die gesellschaftstheoretische Erklärung der Erziehung der vielen Einzelnen kann den bisherigen Ausführungen folgend nicht an der Qualität individueller Ausbildung festgemacht werden. Nicht der individuelle Inhalt und Nutzen von Ausbildung verkörpert das allen Gemeinsame. Dagegen gilt es folgende Thesen zu begründen:
- Ausbildung ist primär daran orientiert, auf eine einkommensfähige Arbeit vorzubereiten;
- über die Einkommensfähigkeit einer spezifisch ausgebildeten Arbeitskraft entscheidet nicht diese selbst, sondern es findet eine Selektion statt auf dem Arbeitsmarkt;
- diese gesellschaftliche Praxis der isolierten Einzelnen ist bestimmten, nicht-zufälligen Bildungsillusionen förderlich, wie sie sich auch in pädagogischen Theorien niederschlagen.

Zunächst zur ersten These und wichtigsten Bestimmung von Ausbildung: sie muß zu einer einkommensfähigen Tätigkeit führen[1].
Nicht grundlos trägt diese gesellschaftliche Bestimmung von Ausbildung einen recht formalen Charakter. Einkommensfähigkeit als bestimmendes Attribut von Ausbildung abstrahiert von besonderen Ausbildungsinhalten
- eine Provokation für jeden Berufspädagogen, dem es immer um 'seine' besonderen Erziehungsziele geht. Betrachten wir aber zur Erklärung dieser als notwendig behaupteten Abstraktion nochmals den gesellschaftlichen Charakter von produktiver Arbeit und der Ware

Die besondere Qualität der produktiven Arbeit besteht darin, in der allgemeinsten Form der Verausgabung von

---

[1] Wie lange die Ausbildung dauert, zu welchen besonderen beruflichen Tätigkeiten sie führt, ist unerheblich. Es handelt sich hierbei um eine Minimalbedingung.

"Muskel, Nerv und Hirn" gesellschaftlichen Reichtum an Waren herzustellen. Nicht die mannigfachen Verkörperungen der Arbeit, wie sie als spezifische Waren im Tausch den Besitzer wechseln und den Käufern ins Auge stechen, sind das gesellschaftlich Ausschlaggebende, sondern die Produktion von abstraktem Warenreichtum - ganz unabhängig von den besonderen Gütern, in denen sich dieser Reichtum darstellt.
Die Abstraktion von der konkret einzelnen Tätigkeit und der besonderen Beschaffenheit des Produkts dieser Tätigkeit im Zusammenhang mit der ständigen Vermehrung von Warenwerten[1] macht die konkrete Arbeit und den besonderen Nutzen des Produkts zur bloßen Voraussetzung einer Mehrwertproduktion um des Mehrwerts willen. Es muß eben irgendein Bedürfnis erfüllt werden, um ein Produkt verkaufen zu können. Einziges Ziel ist die Produktion und die anschließende Realisierung des in den Waren steckenden Mehrwerts, gleichgültig, welches Bedürfnis befriedigt wird bzw. welche besondere Ware als Träger des Mehrwerts in Erscheinung tritt.
Die besondere Tätigkeit zur Herstellung von Speiseeis ist nur Mittel zur Herstellung von Eiscreme. Aber diese Ware wird nur so lange hergestellt, wie eine zahlungsfähige Nachfrage nach ihr besteht. Das individuelle Bedürfnis und der besondere Nutzen haben in dieser Gesellschaft keine Bedeutung. Nur die Möglichkeit eines erzielbaren Profits läßt private Bedürfnisse ins Rampenlicht treten und macht sie gleichzeitig zum bloßen Mittel.
Aus dem Blickwinkel der Arbeitskraft gesehen, zielt die zu erlernende Fähigkeit, Eispulver in das richtige Mischungsverhältnis zu setzen, darauf ab, einen Lebens-

---

1 - Die in der Gestalt des Geldes ihren adäquaten Ausdruck finden, losgelöst von der äußeren Gestalt der Waren.

unterhalt mittels der arbeitsamen Anwendung dieser Kenntnisse zu sichern und ist keineswegs an eine persönliche Vorliebe für Herstellung oder Genuß von Eiscreme gebunden. Ausbildung ist hier lediglich Voraussetzung und Mittel zur Ableistung abstrakter Arbeit in den verschiedensten konkreten Formen.

Eine Erklärung dieser generellen Gleichgültigkeit gegenüber spezifischen Inhalten trotz oder gerade wegen sich autonom dünkender, individuell motivierter Wahlentscheidungen gewinnt an Tiefenschärfe, wenn wir die zweite These und damit die Bedingungen, denen Ausbildungsentscheidungen mit dem Ziel der Einkommensfähigkeit zu gehorchen haben, betrachten.
Die Beliebigkeit eines eingeschlagenen Ausbildungsweges oder einer Berufstätigkeit bedeutet für die Arbeitskräfte noch lange nicht, daß sie mit jeder Art von spezifiziertem Arbeitsvermögen ihre Existenz sichern können. Die Einkommensfähigkeit einer spezifisch nützlichen Arbeit ist nicht automatisch garantiert, da Einstellung und Bezahlung der Arbeitskraft dem Kalkül des Käufers dieser Arbeitskraft unterliegen.
Dieses Kalkül beinhaltet, daß nur solche Arbeitskräfte als Ware gegen Lohn eingetauscht werden, mit denen sich profitfähige Waren herstellen lassen. Anzahl der Arbeitskräfte und innerhalb bestimmter Grenzen auch die Höhe der Bezahlung richten sich an der Profitabilität der Warenproduktion aus. Die Existenzsicherung der Arbeitskräfte durch den Verkauf ihres Arbeitsvermögens unterliegt somit einer gravierenden Restriktion: Sie ist an die profitable Herstellung von Produkten gebunden und der Entscheidungshoheit der Kapitalisten unterworfen.
Der Ort, an dem über Einkommensfähigkeit und Existenzsicherung entschieden wird, ist der <u>Arbeitsmarkt</u>. Bestimmend für den Arbeitsmarkt ist das Kosten-Ertrags-

Kalkül der Kapitalbesitzer und Interessenten für die Ware Arbeitskraft. Der Zwang zur Kalkulation entspricht jenem Zwang zur Profitabilität, wie er charakterisiert wurde und sich in der Konkurrenz der Warenbesitzer und Kapitale darstellt.

Betrachten wir die einschneidende Abhängigkeit der Arbeitskraftbesitzer auf dem Hintergrund der Konkurrenz der am Produktionsprozeß Beteiligten. Der Arbeiter kann seine Ware Arbeitskraft nicht beliebig vermehren oder vermindern wie der Kapitalbesitzer. Er steht in lebensnotwendiger Abhängigkeit zum Käufer seiner Ware Arbeitskraft[1]. Die profitliche Kalkulation dieses Käufers entscheidet über Existenzfähigkeit oder Nichtbeschäftigung der Arbeitskraft. Die Ware Arbeitsvermögen zählt für den Kapitalbesitzer jedoch nicht mehr als andere Waren auch, sie figuriert ebenso unter der Rubrik Kosten wie andere Waren auch.

Der Wert oder Preis der Arbeitskraft stellt sich ihrem Käufer als Wert oder Preis der Arbeit dar. Die besonderen Qualitäten, aber auch die Existenzrisiken der Arbeitskräfte können jedoch nicht mit dem steigenden oder fallenden Preis oder Wert der Arbeit erklärt werden, wie es die Wirtschaftstheorie bis heute tut[2].

MARX kritisiert an der Politischen Ökonomie seiner Zeit, daß sie die Herstellungskosten der Waren in Kapital mißt, während die wirklichen Kosten der Waren gemäß der Arbeitswerttheorie nur in verausgabter Arbeit zeitlich zu messen ist.

---

[1] "Für den Kapitalisten handelt es sich bei der Konkurrenz mit den Arbeitern bloß um den Profit, bei den Arbeitern um die Existenz" (MEW 6,S.541).

[2] "Übrigens gilt von der Erscheinungsform, 'Wert und Preis der Arbeit' oder 'Arbeitslohn', im Unterschied zum wesentlichen Verhältnis, welches erscheint, der Wert und Preis der Arbeitskraft, dasselbe, was von allen Erscheinungsformen und ihrem verborgnen Hintergrund. Die ersteren reproduzieren sich unmittelbar spontan, als gang und gäbe Denkformen, der andre muß durch die Wissenschaft erst entdeckt werden" (MEW 23,S.564).

Arbeitslohn und Ausgaben für Produktionsmittel erscheinen gleichermaßen als 'Kostpreis' für die neue Ware. Da aber die mit Arbeitslohn bezahlte Arbeitskraft dem neuen Produkt mehr Wert zusetzt als sie selbst hat, ist das vorgeschossene Kapital als 'scheinbarer Kostpreis' verschieden vom Wert der neuen Ware, der den 'wirklichen Kostpreis' ausdrückt[1].
Der variable Teil des Kapitalvorschusses erscheint nur als Preis oder Wert der Arbeit, denn nicht alle in der Warenherstellung verausgabte Arbeit wird von ihm abgegolten. Das Kalkül des Kapitalbesitzers richtet sich jedoch ganz und allein auf diesen Kostpreis, der zusammen mit den anderen Kosten auch die Minimalgrenze des Verkaufspreises der Ware bildet. Wird die Ware unter diesem Kostpreis verkauft,
"so können die verausgabten Bestandteile des produktiven Kapitals nicht völlig aus dem Verkaufspreis ersetzt werden. Dauert dieser Prozeß fort, so verschwindet der vorgeschoßne Kapitalwert. Schon von diesem Gesichtspunkt aus ist der Kapitalist geneigt, den Kostpreis für den eigentlichen _inneren_ Wert der Ware zu halten, weil er der zur bloßen Erhaltung seines Kapitals notwendige Preis ist. Es kommt aber hinzu, daß der Kostpreis der Ware der Kaufpreis ist, den der Kapitalist selbst für ihre Produktion gezahlt hat, also der durch ihren Produktionsprozeß selbst bestimmte Kaufpreis. Der beim Verkauf realisierte Wertüberschuß oder Mehrwert erscheint dem Kapitalisten daher als Überschuß ihres Werts über ihren Kostpreis, so daß der in der Ware steckende Mehrwert sich nicht durch ihren Verkauf realisiert, sondern aus dem Verkauf selbst entspringt" (MEW 25,47/48).[2]

---

[1] "Der kapitalistische Kostpreis der Ware ist daher quantitativ verschieden von ihrem Wert oder ihrem wirklichen Kostpreis; er ist kleiner als der Warenwert, denn da W=k+m, ist k=W-m " (MEW 25,S.34).

[2] "Aber der Kapitalist kann die Ware mit Profit verkaufen, obgleich

Da das Wertprodukt der Arbeitskraft nicht von ihrem eigenen Wert abhängt, sondern von der Zeitdauer und/oder Intensität ihres Funktionierens im Herstellungsprozeß der Waren, ergibt sich für den Kapitalisten eine eindeutige Optimierungsmöglichkeit: Das Wertprodukt läßt sich durch eine Reihe von Maßnahmen, die die Arbeitskraft betreffen, steigern, ohne daß sich der Wert oder Preis der Arbeitskraft ändert. Die Einsparung von Arbeitskräften ist, fern jeglicher moralischer Überlegungen, ein hervorragendes Mittel zur Steigerung der Profitabilität der Warenproduktion.

Der Wirkung der Konkurrenz, den Kapitalisten zu möglichst profitabler Produktion von Waren zu zwingen, steht das Bestreben der Arbeitskräfte gegenüber, ihre Haut möglichst teuer verkaufen zu wollen. Der Ausgang dieses Konkurrenzkampfes ist mit der Existenz der kapitalistischen Gesellschaft entschieden. Auch die gewerkschaftliche Assoziation der Arbeitskräfte kann deren 'strukturelles Defizit' als besondere Warenbesitzer nicht beseitigen, sie bleiben in der Konkurrenz mit dem Kapitalisten die leichter Erpreßbaren. Über die Sicherheit ihrer Existenzgrundlage wird auf dem Warenmarkt für Arbeitsvermögen entschieden, und niemand kann den Kapitalbesitzer dazu zwingen, Arbeitskräfte einzustellen, soll die gesellschaftliche Verfassung von Freiheit und Gleichheit nicht außer Kraft gesetzt werden.
Diese für die Arbeitskraft existenzbedrohende Konstellation auf dem Arbeitsmarkt muß auch Einfluß haben auf die Bildungsanstrengungen dieser Menschen.

---

er sie unter ihrem Wert verkauft. Solange ihr Verkaufpreis über ihrem Kostpreis, wenn auch unter ihrem Wert steht, wird stets ein Teil des in ihr enthaltenen Mehrwerts realisiert, also stets ein Profit gemacht" (MEW 25,S.47).

Die Modifikation der Menschen durch Bildung und Erziehung kostet "eine größere oder geringere Summe von Warenäquivalenten", die eingehen in die durchschnittlichen 'Herstellungskosten' der Arbeitskräfte[1]. Wenn Ausbildungskosten im Wert der Ware Arbeitskraft enthalten sind, so gilt, daß höhere Bildungskosten den Wert der Arbeitskraft erhöhen, der sich wiederum in "höherer Arbeit vergegenständlicht"[2].
Der Anteil von Bildungs- und Erziehungskosten am Gesamtwert oder Preis der Ware Arbeitskraft läßt sich jedoch schwerlich quantifizieren, geht doch laut MARX in die Wertbestimmung im Gegensatz zur Wertbestimmung sonstiger Waren "ein historisches und moralisches Element" mit ein[3]. Die MARXsche Analyse konzentriert sich auch hier auf die grundlegenden Bestimmungen, wie sie sich hinter den Begriffen der Konkurrenz zwischen den Arbeitskräften und zwischen Arbeitern und Käufern deren Arbeitskraft verbergen - in denen der Arbeitslohn von Angebots- und Nachfragegrößen bestimmt wird[4].
Den Wechselfällen der Konkurrenz geschuldet ist allein der hohe Grad an Beliebigkeit und Zufälligkeit der Arbeitsplatzstruktur mit ihren jeweils besonderen An-

---

1 Vgl. MEW 23,S.186

2 Vgl. MEW 23,S.211 f.; Das an dieser Stelle in der marxistischen Literatur häufig diskutierte 'Reduktionsproblem' höherwertiger, komplizierter Arbeit auf einfache gesellschaftliche Durchschnittsarbeit entbehrt im MARXschen Text jeglicher Problematik. Es geht dort nur um die Tatsache, daß komplizierte Arbeit einfacher Arbeit in entsprechenden Mengenproportionen gleichgesetzt werden kann und daß sich komplizierte Arbeit im Arbeits- und Verwertungsprozeß genauso verhält wie einfache Arbeit.

3 Vgl. MEW 23,S.185; Dies kann mithilfe von Ländervergleichen zwischen gleich ausgebildeten Arbeitskräften und ihrem jeweiligen Lohneinkommen, aber auch an der moralisch begründeten Höherbezahlung von z.B. niedergelassenen Ärzten illustriert werden; vgl. dazu auch MEW 23,S.212, Anm.18

4 "Angebot-Nachfrage-Nutzen-Preis können nur mit Wechselwirkungen operieren, über Kausalitäten können sie nichts sagen" (M.LINDNER,1975, 3.Bd.,S.157).

forderungen an den Bildungsstand der Arbeitskräfte. Es liegt weder in einer der Technologie immanenten Entwicklungslogik noch im Willen der Käufer von Arbeitskräften, ob diese oder jene oder morgen eine andere Qualifikation gefragt ist. Die Kalkulation des Profits erzwingt in der Konkurrenz die kostengünstigste Variante als Regelfall. Ausbildungsstand der Arbeitskräfte und technische Möglichkeiten der Warenherstellung dienen einzig und allein dem Zweck der Profitvergrößerung. Es läßt sich deswegen weder eine gesetzmäßige Veränderung der Technologie noch des Kenntnisstandes der Arbeitskräfte behaupten. Gesetzmäßig erfolgen allein die Entscheidungen über Investitionen.

Fassen wir zusammen. Für eine gesellschaftstheoretische Bestimmung menschlicher Arbeitsqualifikation erweist sich ein Verständnis von Ausbildung als notwendig, das den Doppelcharakter kapitalistisch betriebener Produktion als Einheit von Arbeits- und Verwertungsprozeß reflektiert. Damit ist die Auffassung relativiert, die nur auf die Dimension der Nützlichkeit von Bildung zur Bewältigung eines vorgegebenen Arbeitsprozesses mit dem Resultat eines bestimmten Gebrauchswerts abhebt. Daß die Nützlichkeit von Arbeit, Waren und auch Qualifikationen der Arbeitskraft existieren muß, ist vom Wie ihres Verhältnisses zur Wertproduktion und den Beziehungen innerhalb dieser zu unterscheiden.
Ob ein Kapital eine Arbeitskraft mit dieser oder jener Qualifikation beschäftigen wird und in welchen Quantitäten, ist für dieses Kapital eine Investitionsentscheidung unter Rentabilitätsgesichtspunkten. Die Frage nach den Regeln der Beschäftigung von Arbeitskräften stößt auf ein entindividualisiertes gesellschaftliches Prinzip. Die Einstellung von Arbeitskräften ist der Kalkulation des Profits untergeordnet.

Die besonderen Fähigkeiten und Kenntnisse der Arbeitskraft, die in den Arbeitsprozeß eingehen und Voraussetzung der Gebrauchswertproduktion sind, müssen als bloße Mittel der Verwertung begriffen werden.
Dieses werttheoretisch fundierte Begreifen führt die Argumentation zu dem entscheidenden Ergebnis, daß die Bildung oder Qualifikation der Arbeitskraft gesellschaftstheoretisch nur als <u>ein Problem von Kosten</u> zu verstehen ist. Das grundlegende Problem, das sich der Ausbildung und Erziehung unter gegebenen Verhältnissen stellt, ist ihre Beteiligung am Zustandekommen und an der Erhaltung der mehrwertschaffenden Potenz der Arbeitskraft.
Mit dieser Aufgabenstellung von Bildung treten die Umrisse einer alltäglich vollzogenen Disziplinierung hervor, die jede Art von 'gutgemeinter' Pädagogik desavouiert. Daß diese Art eines erzieherischen Imperativs in seiner entindividualisierten Form weitgehend nicht im Selbstverständnis der Individuen enthalten ist, wurde bereits als Teil der sozialen Verhältnisse selbst erklärt.
Die alltägliche Praxis illustriert, daß die vielen Arbeitskraftbesitzer wie alle anderen Warenbesitzer handeln. Gerade, wenn sie sich im Falle disproportionaler Angebots- und Nachfragegrößen auf dem Arbeitsmarkt vereint mit dem Käufer der Arbeitskraft an den staatlichen Organisator formaler Ausbildung wenden - z.B. mit der Forderung nach einer beschäftigungsadäquaten Revision der Lehrinhalte. In der ideologischen Fassung ist Bildung zwar als reines <u>Mittel</u> zum Zweck der Beschäftigung enthalten, der Zweck selbst wird jedoch als individuelle Bedürfnisbefriedigung falsch interpretiert.
Es kann in dieser Gesellschaft auch kein 'Recht auf Arbeit' geben, wenn damit ein Recht auf Beschäftigung gemeint ist. Die konkurrenzbedingten Schwankungen der Akkumulationstätigkeit, welche das Arbeitsplatzrisiko

für die einzelne Arbeitskraft bewirken, sind Resultat des unumstößlichen privat-dezentralen Entscheidungsmusters innerhalb der Produktionssphäre.

Es entspricht diesem Nicht-Wissen der gesellschaftlichen Zwecke von Ausbildung, Arbeits- und Lebenstätigkeit, einschließlich der ständigen Reproduktion der 'ideologischen Praxen', wenn Pädagogen Erziehung und Ausbildung zur vornehmsten Aufgabe des gesellschaftlichen Lebens erklären. Die Umkehrung von Mittel und Zweck bildet das Grundmuster der meisten <u>Bildungsillusionen</u>. Die Kluft zwischen den Erwartungen des Einzelnen an Ausbildung und Berufstätigkeit und den allgemeinen Geschäftsbedingungen auf dem Arbeitsmarkt wird zudem nicht mit beliebigen Selbsttäuschungen überbrückt. Wie am Beispiel der emanzipatorischen Erziehungstheorie gesehen, dokumentieren sich in den Forderungen nach Chancengleichheit, Emanzipation oder Demokratisierung nur die typischen, gesellschaftlichen Ideale.

Die vielfältigen Kenntnisse und Fähigkeiten von Arbeitskräften zählen in dieser Gesellschaft nicht als Reichtum, sondern nur ihre Verwendung im Produktionsprozeß im Zusammenhang gesellschaftlich zweckgebundener Arbeitstätigkeit bringt das hervor, was hier als spezifischer Reichtum zählt: eine "ungeheure Warensammlung"[1]. Anhäufung einer "toten Masse" ist der adäquate Ausdruck für den Reichtum einer Gesellschaft, die den Selbstzweck der Mehrwertproduktion in der Form der sozialen Verhältnisse von $\frac{m}{v}$ im Handeln der Gesellschaftsmitglieder ständig neu befestigt[2].

---

1 Diese Tatsache nimmt MARX im ersten Satz der Bände vom 'Kapital' zum Ausgangspunkt seiner Untersuchung über die Ware in der kapitalistischen Gesellschaft; vgl. MEW 23,S.49

2 $\frac{\text{Mehrwert (m)}}{\text{variables Kapital (v)}}$ = Mehrwertrate = Ausbeutungsrate

MARX läßt keinen Zweifel daran, daß er selbst etwas anderes für den Reichtum auch der kapitalistischen Gesellschaft hält: die Produktivität der Arbeit "und die mehr oder minder reichhaltigen Produktionsbedingungen, worin sie sich vollzieht"[1]. In diesem "'wirklichen' Reichtum der entwickelten Produktivkraft aller Individuen" sind auch die Fähigkeiten und Kenntnisse sämtlicher Arbeitskräfte enthalten.

Es verwischen sich gesellschaftsanalytische Wissenschaft und politische Vision, wenn MARX am selben Ort von einer zukünftigen Gesellschaft schreibt, in der Reichtum nicht mehr in vergegenständlichter Arbeitszeit gemessen wird, sondern das Wachsen der Nicht-Arbeitszeit zum "Raum für die Entwicklung der vollen Produktivkräfte der Einzelnen, daher auch der Gesellschaft" wird. Diesen Raum "jenseits der eigentlichen materiellen Produktion", "wo das Arbeiten, das durch Not und äußere Zweckmäßigkeit bestimmt ist, aufhört" nennt, MARX "das Reich der Freiheit".

---

[1] Zu diesem und den folgenden Zitaten vgl. MEW 25,S.828; MEW 26.3,S.289; 'Grundrisse',S.596

4 Thesen zur gesellschaftlichen Emanzipation

Die emanzipatorische Erziehungswissenschaft ist Teil der vorläufig letzten gesellschaftlichen Emanzipationsbewegung unter dem Vorzeichen der Aufklärungsphilosophie. Das mit ihr transportierte moralische Selbstverständnis der bürgerlichen Gesellschaft postuliert eine Harmonie zwischen menschlicher Natur und gesellschaftlicher Kultur, die durch vernünftige Anstrengung mit dem Ziel des 'Noch-Besseren' erreicht werden soll. Reflexion gilt als 'Königsweg dieser Emanzipation', die an einer stetigen Verbesserung des Menschen arbeitet.

Ihre produktive Kraft hat diese Reflexion im Kampf gegen die alte Ordnung allerdings schon längst verbraucht: 'Vernunft-Ich anstelle von Gott, Gesetz statt despotischer Willkür, Naturbeherrschung entgegen Naturverfallenheit' (G.GEBAUER/E.KÖNIG,1983). Dieses Wissen _war_ Macht im Kampf um die gesellschaftliche Vorherrschaft des Bürgertums und war zugleich echte Aufklärung über restringierende Verhältnisse. Nun, da diese Emanzipation keine äußeren Gegner mehr hat, zeigt sie, was sie nach innen schon immer leistete: Eine "Modellierung des gesamten Seelenhaushalts", die zu einer differenzierten "Selbstzwangapparatur" führt, so daß man bestenfalls von "Rationalisierung" sprechen kann, nicht aber von der "Ratio" der Menschen (N.ELIAS,1979[6]). Dieses Wissen _ist_ die Macht der Verhältnisse. In seiner Funktion als Morallehre diskreditiert es die vernünftige Reflexion, deren Ergebnisse nicht nur vorab gesetzt, sondern auch schon längst bekannt sind.

Der Pädagoge, der seine Schüler zu ihrem Besten traktiert;
der Politiker, der 'die Bürger draußen im Lande' als Manövriermasse für seine vernünftigen Ziele benutzt; der
Therapeut, der die gesellschaftliche Gespaltenheit seines Patienten durch die individuumszentrierte Diagnose
nur zementiert. Sie alle verstehen sich als Offiziere einer Strategie der Vermittlung zwischen Individuumsnatur
und gesellschaftlichen Ansprüchen. Ihre moralische Überzeugungskraft rührt nicht zuletzt daher, daß sie ihre eigenen Methoden praktizieren. Methoden des Selbstzwangs,
die der eigenen Emanzipation dienen, kann man schließlich
nicht ablehnen.

Zu Zeiten gesellschaftlicher Emanzipationsbewegungen, wie
sie in der Bundesrepublik das Jahrzehnt von 1965 bis 1975
bestimmten, stärkt die "politische Emanzipation" (K.MARX)
das Selbstbewußtsein des Bürgers, der sich mündig bewährt
in der Sphäre von Recht, Politik und Privatleben. Dieses
'Glück der Zirkulationssphäre' nährt sich aus dem Versprechen stetig wachsenden Wohlstands und der Aussicht auf
eine selbstbewußte Zufriedenheit des Privategos. Die konservative Kritik wendet sich zu Recht gegen diese unerfüllbare Erwartung und sieht den Katzenjammer der notwendigen
Desillusionierung voraus. Sensibel verortet sie das Problem
auf der Ebene der Ideale und verweist auf das Positive
des Erreichten, das auch 'Sinn' stiften vermag. Diese Kritik, weit entfernt davon,'Gegenaufklärung' betreiben zu
wollen, kann sich auf die Programmierungen des bürgerlichen Sozialcharakters verlassen.

Die Desillusionierung hinsichtlich der Reichweite dieser
Emanzipationsbewegung führt nicht zwangsläufig zur Destruierung des Ideals. Im Gegenteil: Der Idealismus eines
Rechts auf Bedürfnisbefriedigung bzw. einer Natürlichkeit,

die sich 'seit Menschengedenken' mit widrigen Zeitumständen auseinandersetzen muß, erfährt eine Steigerung, indem er seine bürgerlich rechtliche Bedeutung abstreift und vollends individualisiert wird. In bemühter Ablehnung jeder Art von gesellschaftlicher Einflußnahme engagiert sich die Suche nach dem Ursprünglichen umso vehementer für den eigenen Körper und die Gesundheit des eigenen Seelenhaushalts. Im trotzigen "entspannt im Hier und Jetzt" steckt die ganze Enttäuschung über die gescheiterte Doppelstrategie einer Veränderung von persönlichem Leben <u>und</u> Gesellschaft, diesem längst eingelösten und überinterpretierten Versprechen der Aufklärung.

Der Wahn einer ständigen Verbesserung der einzelnen Person, verknüpft mit der Hoffnung auf ein unentdecktes Reservoir an Natürlichkeit, propagiert die Askese trotz des gesellschaftlichen Überflusses, die Selbstdisziplin inmitten der verheerenden Disziplinlosigkeit des Kapitals, die Selbstbeschränkung angesichts der schrankenlosen Eroberungswut der politischen Macht. - Ganz im Sinne der konservativen Kritik, die sich vom reibungslosen Funktionieren <u>alles</u> verspricht und sich auf das Mitmachen der mit sich selbst beschäftigten Individuen verlassen kann.

Ein Erforschen der Dinge und Verhältnisse, wie sie sind, hat es schwer gegen den Idealismus des Sein-Sollens und der freiwilligen Beschränkung auf sich selbst. Jeder Schritt zu einem idealdestruierenden Erkennen hat mit den Verlustängsten der Menschen zu kämpfen, die ihre mühsam erarbeiteten Selbstlügen, ihre Identität, dem möglicherweise ungedeckten Wechsel auf eine soziale Entschädigung vorziehen. Die 'falschen' Identitäten haben den Vorteil, sich jeden Tag im 'richtigen' Leben bewähren zu können. Die idealose Erkenntnis hat den Nachteil, sich nicht oder nur unter größten Schwierigkeiten bewähren zu dürfen. Die Grundzüge der bürgerlichen Individualität beweisen schon bei oberflächlicher Betrachtung ihre Herkunft aus den Verkehrsformen der gesellschaftlichen Ordnung. In ihnen realisiert sich das Selbstbewußtsein des Privatmenschen, und deswegen ist es kein Wunder, daß das Individuum die Kritik an idealisierten, bürgerlichen Zuständen als eine Kritik <u>an sich</u> auffassen kann.

Aus der <u>Freiheit</u>, die Unzufriedenheit mit sich und den anderen äußern und 'bearbeiten' zu dürfen, ist das Argument gegen eine radikale Erkenntnisarbeit über die Gründe des Leidens schnell gestrickt.
Im Erleben der <u>Konkurrenz</u>, die längst nicht nur das Berufsleben dominiert, erfüllt sich kurzschlüssig ein Bedürfnis nach Originalität und Gerechtigkeit.
In allem <u>Privaten</u> wird die Illusion der autonomen Entscheidungshoheit jedes Einzelnen ständig neu gefestigt, trotz der detaillierten gesellschaftlichen Regelung der privaten Existenz.

Dem Terror dieses konsequenten Idealismus, der zum Funktionieren in dieser Gesellschaft notwendig ist, zu entkommen, bedeutet, es nicht bei den gesellschaftstheoretisch analysierten Gründen der bürgerlichen Emanzipation zu belassen, sondern die Möglichkeit einer durch die bisherige Systematik des Denkens und Handelns versperrten Chance ins Auge zu fassen. Anders würde sich jede Reflexion selbst preisgeben, und das Ergebnis jedes Handelns wäre vorhersehbar. Eine Desensibilisierung gegenüber den Auslösereizen des bürgerlichen Programms könnte jene "Frechheit, die die Seite gewechselt hat" (P.SLOTERDIJK,1983), hervorbringen, welche notwendig erscheint, um nicht von vornherein als bloße Gegenposition dualistisch vereinnahmt zu werden.

Eine anarchistisch inspirierte Emanzipation, die sich nicht der Mittel der Gegenseite bedienen kann, da sie sonst die Unkalkulierbarkeit ihrer Stoßrichtung einbüßte. Nur indem sie nicht der herrschenden Zweck-Mittel Logik folgt, kann sich diese Frechheit der Instrumentalisierung entziehen und sich immunisieren gegen jeden Anspruch, eine Heilslehre zu sein. Ihre Subversivität liegt in der permanenten Verunsicherung des herrschenden Gangs der Dinge. Ihr Wunsch ist ein gesellschaftlich bewußtes Leben von Menschen, die von keiner Lebenspraxis dazu gezwungen werden, ihre 'Natur' und ihre Beziehungen zu problematisieren, da sich die Ergebnisse ihres Handelns nicht unbegriffen gegen sie selbst richteten und mit dem 'eigentlichen Wollen' in Konflikt kämen.

Literaturverzeichnis

ACCARDO, G.,1977, Ein Verzeichnis von Veröffentlichungen zum Transformationsproblem, in: mehrwert, Beiträge zur Kritik der Politischen Ökonomie, Nr.13, Berlin

ADORNO, Th.W.,1959, Theorie der Halbbildung, in: Der Monat, 11.Jahrgang, September 1959; wieder abgedruckt in: M.HORKHEIMER/Th.W.ADORNO, Soziologica II, Frankfurt/M 1962

ALTHUSSER, L.,1968, Für Marx, Frankfurt/M

ALTHUSSER, L./BALIBAR, E., Das Kapital lesen, (2 Bde.), Reinbek bei Hamburg

ALTHUSSER, L.,1978, Ideologie und ideologische Staatsapparate, Hamburg Berlin 1978

ARIES, Ph.,1975, Geschichte der Kindheit, München Wien

AUERNHEIMER, G.,1977, Mündigkeit und Allgemeinbildung als Erziehungsforderung der bürgerlichen Gesellschaft, in: Demokratische Erziehung, Sonderdruck aus Heft 3/77, Köln

BENNER, D.,1970, Erziehung und Emanzipation, in: Pädagogische Rundschau 24

BENNER, D.,1978, (2.Aufl.), Hauptströmungen der Erziehungswissenschaft. Eine Systematik traditioneller und moderner Theorien, München

BENNER, D./BRÜGGEN, F./BUTTERHOF, H.-W./v.HENTIG, H./KEMPER, H., 1978, Entgegnungen zum Bonner Forum 'Mut zur Erziehung', München Wien Baltimore

BLANKERTZ, H.,1966, Bildungstheorie und Ökonomie, in: REBEL, K.(Hg.), Texte zur Schulreform. Theorie der Bildung, Organisation der Schule, Ausbildung der Lehrer, Weinheim und Basel

BLANKERTZ, H.,1974, Die demokratische Bildungsreform und ihre bildungstheoretische Legitimation, Tonband Begleitheft Tb/CTB 2356, Institut für Film und Bild in Wissenschaft und Unterricht, Grünwald

BLANKERTZ, H.,1974a, Bildung - Bildungstheorie, in: Ch.WULF (Hg.), Wörterbuch der Erziehung, München

BLASS, J.L.,1978,Modelle pädagogischer Theoriebildung,(2 Bde.), Stuttgart Berlin Köln Mainz

BUHBE, M.,1977, Marktgleichgewicht und Werttheorie, in: mehrwert, Beiträge zur Kritik der Politischen Ökonomie, Nr.13, Berlin

COGOY, M.,1977, Wertstruktur und Preisstruktur. Die Bedeutung der linearen Produktionstheorie für die Kritik der Politischen Ökonomie, Frankfurt/M

DOBB, M.,1977, Wert- und Verteilungstheorien seit Adam Smith. Eine nationalökonomische Dogmengeschichte, Frankfurt/M

ELIAS, N.,1979, (6.Aufl.), Über den Prozeß der Zivilisation, (2 Bde.), Frankfurt/M

ENGELS, F./MARX, K.,MEW 13,S.468 ff., Zur Kritik der Politischen Ökonomie, Berlin (Ost) 1961

ENGELS, F.,MEW 21,S.259 ff., Ludwig Feuerbach und der Ausgang der klassischen deutschen Philosophie, Berlin (Ost) 1969

ENGELS, F.,MEW 39,S.427 ff., Brief an Werner Sombart in Breslau, 11.3.1895, Berlin (Ost) 1969

FEND, H.,1969, Sozialisierung und Erziehung. Eine Einführung in die Sozialisationsforschung, Weinheim Berlin Basel

FEUERSTEIN, Th.,1975, Methodologische Schwierigkeiten einer kritischen Erziehungswissenschaft und Perspektiven zu ihrer Überwindung, in: Pädagogische Rundschau 29

FINK-EITEL, H.,1980, Michel Foucaults Analytik der Macht, in: F.KITTNER (Hg.), Austreibung des Geistes aus der Geisteswissenschaft, Paderborn München Wien Zürich

FLEISCHER, A.,1980, Über das notwendige Scheitern herkömmlicher Schultheorien. Zum Zusammenhang von verfehlter Schultheorie und mißlungener Schulpraxis, in: Randgänge der Pädagogik, Heft 12, Marburg

FOUCAULT, M.,1971, Die Ordnung der Dinge, Frankfurt/M

FOUCAULT, M.,1976, Überwachen und Strafen. Die Geburt des Gefängnisses, Frankfurt/M

FUNKE, R.,1978, Sich durchsetzender Kapitalismus. Eine Alternative zum spätkapitalistischen Paradigma, in: Starnberger Studien 2, Sozialpolitik als soziale Kontrolle, Frankfurt/M

GAMM, H.-J.,1972, Das Elend der spätbürgerlichen Pädagogik, München

GAMM, H.-J.,1978, Einführung in das Studium der Erziehungswissenschaft, Reinbek bei Hamburg

GAMM, H.-J.,1979, Allgemeine Pädagogik. Die Grundlagen von Erziehung und Bildung in der bürgerlichen Gesellschaft, Reinbek bei Hamburg

GEBAUER, G./KÖNIG, E.,1983, Zivilisationsgeschichte des Körpers, Thesen zum Symposium 'Utopie einer neuen Bewegungskultur', Fachtagung Sport in der Vereinigten Deutschen Studentenschaft, Frankfurt/M, 3.-5.Juni 1983

GLOMBOWSKY, J.,1977, Eine elementare Einführung in das 'Transformationsproblem', in: mehrwert, Beiträge zur Kritik der Politischen Ökonomie, Nr.13, Berlin

GUTTANDIN, F.,1980, Genese und Kritik des Subjektbegriffs. Zur Selbstthematisierung der Menschen als Subjekte. Marburg

GUTTENBERG, E.,1966, Grundlagen der Betriebswirtschaftslehre, Band I, Berlin Heidelberg New York

HABERMAS, J.,1970, Zur Logik der Sozialwissenschaften, Frankfurt/M

HABERMAS, J.,1973,(5.Aufl.), Erkenntnis und Interesse, Frankfurt/M

HABERMAS, J.,1973, Kultur und Kritik. Verstreute Aufsätze, Frankfurt/M

HARTFIEL, G.,1973, Einführung in Hauptprobleme der pädagogischen Soziologie, in: H.HARTFIEL/G.HOLM, Bildung und Erziehung in der Industriegesellschaft, Opladen

v.HENTIG, H.,1969, Allgemeine Lernziele der Gesamtschule, in: Deutscher Bildungsrat, Gutachten und Studien der Bildungskommission 12, Stuttgart

v.HENTIG, H.,1969, (2.Aufl.), Systemzwang und Selbstbestimmung, Stuttgart

HEYDORN, H.J.,1970, Über den Widerspruch von Bildung und Herrschaft, Frankfurt/M

HOLZ, H.H.,1974, Aufklärung,in: Ch.WULF (Hg.), Wörterbuch der Erziehung, München

KAMPER, D.,1973, Geschichte und menschliche Natur, München

KAMPER, D.,1974,(Hg.), Studienführer Sozialisationstheorie, Freiburg

KAMPER, D.,1975,(Hg.), Abstraktion und Geschichte. Rekonstruktionen des Zivilisationsprozesses, München

KLAFKI, W.,1969/71, Erziehungswissenschaft - Kritische Theorie einer Praxis; wieder abgedruckt in: G.STEIN, Kritische Pädagogik. Positionen und Kontroversen, Hamburg 1979

KLAFKI, W.,1976, Aspekte kritisch-konstruktiver Erziehungswissenschaft, Weinheim und Basel

KLAFKI, W.,1977, Organisation und Interaktion in pädagogischen Feldern. - Thesen und Argumentationsansätze zum Thema und zur Terminologie, in: Zeitschrift für Pädagogik, 13. Beiheft, Weinheim und Basel

KOB, J.,1970, Die Interdependenz von Gesellschaft und Erziehungssystemen, in: K.KIPPERT (Hg.), Einführung in die Soziologie der Erziehung

KÖNIG, E.,1975, Theorie der Erziehungswissenschaft, (2 Bde.), München

KRONER, B.,1980, Psychologismus, in: R.ASANGER/G.HENNINGER, Handwörterbuch der Psychologie, Weinheim und Basel

KUHN, T.S.,1976,(2.Aufl.), Die Struktur wissenschaftlicher Revolutionen, Frankfurt/M

McLELLAN, D.,1974, Die Junghegelianer und Karl Marx, München

LEMPERT, W.,1969, Bildungsforschung und Emanzipation. Über ein leitendes Interesse der Erziehungswissenschaft und seine Bedeutung für die empirische Analyse von Bildungsprozessen, in: Neue Sammlung, S. 347 ff.

LEMPERT, W.,1971, Leistungsprinzip und Emanzipation, Frankfurt/M

LEMPERT, W.,1973, Zum Begriff der Emanzipation, in: M.GREIFENHAGEN (Hg.), Emanzipation, Hamburg

LINDNER, M.,1975, Der Anti-Samuelson. Kritik eines repräsentativen Lehrbuchs der bürgerlichen Ökonomie,(4 Bde.), Erlangen

LÖWISCH, D.-J.,1971, Sinn und Grenze einer transzendentalkritischen Pädagogik, in: Vierteljahreszeitschrift für wissenschaftliche Pädagogik 47; wieder abgedruckt in: G.STEIN (Hg.), Kritische Pädagogik, Hamburg 1979

LUHMANN, N./SCHORR, K.E.,1979, Reflexionsprobleme im Erziehungssystem, Stuttgart

MARX, K.,MEW 1,S.337 ff., Briefe aus den 'Deutsch-Französischen Jahrbüchern', Berlin (Ost) 1956

MARX, K.,MEW 1,S.347 ff., Zur Judenfrage,
   Berlin (Ost) 1956
MARX, K.,MEW 1,S.378 ff., Einleitung - Zur Kritik der
   Politischen Ökonomie, Berlin (Ost) 1956
MARX, K.,MEW 3,S.5 ff., Thesen über Feuerbach,
   Berlin (Ost) 1969
MARX, K.,MEW 6,S.535 ff., Arbeitslohn (aus dem handschrift-
   lichen Nachlaß), Berlin (Ost) 1969
MARX, K.,MEW 13,S.7 ff, Zur Kritik der Politischen Ökono-
   mie (1. Fassung von 1859), Berlin (Ost)1961
MARX, K.,MEW 13,S.615 ff., Einleitung zur Kritik der Poli-
   tischen Ökonomie, Berlin (Ost) 1961
MARX, K.,MEW 19,S.11 ff., Kritik des Gothaer Programms,
   Berlin (Ost) 1962
MARX, K.,MEW 23/MEW 24/MEW 25, Das Kapital, (3 Bde.),
   Berlin (Ost) 1962
MARX, K.,MEW 26.1/MEW 26.2/MEW 26.3, Theorien über den
   Mehrwert, (3 Bde.), Berlin (Ost) 1965
MARX, K.,MEW Ergänzungsband I,S.465 ff., Ökonomisch-philo-
   sophische Manuskripte aus dem Jahr 1844,
   Berlin (Ost) 1968
MARX, K., Briefe über 'Das Kapital',
   Berlin (Ost) 1954
MARX, K., Grundrisse der Kritik der Politischen Ökonomie,
   Frankfurt/M o.J.
MARX, K., Resultate des unmittelbaren Produktionsprozesses,
   Frankfurt/M 1969
MARX, K., Ware und Geld (Das Kapital, 1.Auflage 1867, 1.Buch,
   Kapitel 1), abgedruckt in: Marx-Engels II,
   Studienausgabe Politische Ökonomie,
   Frankfurt/M 1966
MOLLENHAUER, K.,1968, Erziehung und Emanzipation. Polemi-
   sche Skizzen, München
MOLLENHAUER, K./RITTELMEYER, C.,1977, Methoden der Erziehungs-
   wissenschaft, München
MOSER, H.,1972, Programmatik einer kritischen Erziehungswis-
   senschaft, in: Zeitschrift für Pädagogik 18
NUTZINGER, H.G./WOLFSTETTER, E.,1974,(Hg.),Die Marxsche Theo-
   rie und ihre Kritik, (2 Bde.), Frankfurt/M
   New York
NEGT, O./KLUGE, A.,1981, Geschichte und Eigensinn,
   Frankfurt/M

PENNAVAJA, Ch.,1974,(Hg.), Claudio Napoleoni, Ricardo und Marx, Frankfurt/M

POLANYI, K.,1978, The Great Transformation. Politische und ökonomische Ursprünge von Gesellschaften und Wirtschaftssystemen, Frankfurt/M

RANCIERE, J.,1972, Der Begriff der Kritik und die Kritik der Politischen Ökonomie, Berlin

REICHELT, H.,1970, Zur logischen Struktur des Kapitalbegriffs bei Karl Marx, Frankfurt/M

REICHELT, H./HIRSCH, J.,1975, Theorie und Empirie. Bemerkungen zum Aufsatz von F.EBERLE/E.HENNING, in: Gesellschaft - Beiträge zur Marxschen Theorie 4, Frankfurt/M

REUMANN, K.,1980, Dr. Päds gesammeltes Schweigen. Über die Schwierigkeit der Erziehungswissenschaftler, zu ihrem Thema zu kommen, Frankfurter Allgemeine Zeitung vom 31.3.1980

RICARDO, D.,1971, Principles of Political Economy and Taxation, herausgegeben von: R.M. HARTWELL, Harmondsworth

RÖHRS, H.,1967,(Hg.), Erziehungswissenschaft und Erziehungswirklichkeit, Frankfurt/M

ROHRMOSER, G.,1970, Das Elend der Kritischen Theorie, Freiburg

RÜCKRIEM, G.M.,1970, Der gesellschaftliche Zusammenhang der Erziehung, in: W.KLAFKI u.a., Funkkolleg Erziehungswissenschaft, Bd.1, Frankfurt/M

STRAUMANN, P.R.,1977, Bemerkungen zu gesellschaftstheoretischen Konstruktionen, in: Einundzwanzig, Heft 4, Marburg

SCHLICHT, E.,1976,(Hg.), Einführung in die Verteilungstheorie, Reinbek bei Hamburg

SMITH, A.,1970, The Wealth of Nations, herausgegeben von: A.SKINNER, Harmondsworth

SCHMIED-KOWARZIK, W.,1974, Dialektische Pädagogik, München

STEIN, G.,1979,(Hg.), Kritische Pädagogik. Positionen und Kontroversen, Hamburg

SCHERER, R.,1975, Das dressierte Kind. Sexualität und Erziehung: Über die Einführung der Unschuld, Berlin

SCHMIDT, A.,1972,(4.Aufl.), Der strukturalistische Angriff auf die Geschichte, in: A.SCHMIDT (Hg.), Beiträge zur marxistischen Erkenntnistheorie, Frankfurt/M

SCHMIDT, A.,1972,(5.Auflage), Über Geschichte und Geschichtsschreibung in der materialistischen Dialektik, in: Folgen einer Theorie. Essays über 'Das Kapital' von Karl Marx, Frankfurt/M

SLOTERDIJK, P.,1983, Kritik der zynischen Vernunft, (2 Bde.), Frankfurt/M

THIERSCH, H./RUPRECHT, H./HERMANN, U.,1978, Die Entwicklung der Erziehungswissenschaft, München

THIERSCH, H.,1981, Das politische Interesse an der Erziehung und das pädagogische Interesse an der Gesellschaft, in: Zeitschrift für Pädagogik, 17.Beiheft, Weinheim und Basel

Tübinger Erklärung zu den Thesen des Bonner Forums 'Mut zur Erziehung', in: Zeitschrift für Pädagogik, Nr.2, 1978

VOGEL, M.R.,1970, Erziehung im Gesellschaftssystem, München

UHLE, R.,1976, Geisteswissenschaftliche Pädagogik und kritische Erziehungswissenschaft, München

ULICH, D.1972, Theorie und Methode der Erziehungswissenschaft, Weinheim und Basel

v.WERDER, L.,1974, Sozialistische Erziehung in Deutschland, Frankfurt/M

WULF, Ch.,1977, Theorie und Konzepte der Erziehungswissenschaft, München

WYGODSKI, W.S.,1967, Die Geschichte einer großen Entdeckung, Berlin (Ost)

ZELENY, J.,1962, Die Wissenschaftslogik und 'Das Kapital', Frankfurt/M

Fürntratt, Ernst / Möller, Christine
LERNPRINZIP ERFOLG
Entwurf einer Pädagogischen Psychologie auf verhaltenstheoretischer Grundlage
– Teil 1: Menschliches Verhalten – Aufbau, Entwicklung, Förderung
Frankfurt/M., Bern, 1982. VIII, 235 S.
ISBN 3-8204-5836-0   br. sFr. 39.–

Müssen wir wirklich Erziehung und Unterricht abschaffen, wenn wir die Herrschaft von Menschen über Menschen abschaffen wollen? Oder müssten wir nicht vielmehr lernen, unsere Möglichkeiten besser zu verstehen und umsichtiger zu nutzen? Welche Ziele müssten Erzieher und Lehrer verfolgen, wenn sie wirklich für die Betroffenen und für die Zukunft arbeiten wollen? Und was könnten sie tun, was anders machen, um diese Ziele zu erreichen?
Das sind einige der Fragen, mit denen sich dieser erste Teil von «Lernprinzip Erfolg» beschäftigt. Er versucht, auf der Grundlage der modernen Verhaltenstheorie, neue, klare und unsentimentale Antworten zu geben und wendet sich damit an alle, die irgendwie mit Erziehung oder Psychologie befasst und bereit sind, um ihrer Verantwortung willen liebgewordene Denk- und Handlungsgewohnheiten in Frage zu stellen.
Aus dem Inhalt: Lernpsychologische Grundlagen – Verhaltenskontrolle oder Was wollen wir eigentlich? – Reaktionen, Reaktionsketten, Verfahrensweisen, Fertigkeiten – Praxis der Verhaltensentwicklung.

Fürntratt, Ernst / Möller, Christine
LERNPRINZIP ERFOLG – ENTWURF EINER PÄDAGOGISCHEN PSYCHOLOGIE AUF VERHALTENSTHEORETISCHER GRUNDLAGE
Teil II: Soziale, lernerische und Lehr-Kompetenz
Frankfurt/M., Bern, 1982. VI, 244 S.
ISBN 3-8204-7190-1   br. sFr. 39.–

Was Menschen in ihrem eigenen Interesse und im Interesse der Gemeinschaft, in der sie leben, unbedingt lernen müssen, ist erstens: mit anderen befriedigend und produktiv zu interagieren (»Soziale Kompetenz«); zweitens: ihr Wissens- und Verhaltensrepertoire ständig zu erweitern (»Lernerische Kompetenz«); und drittens: anderen bei der Entwicklung ihres Wissens- und Verhaltensrepertoires zu helfen (»Lehr-Kompetenz«).
In diesem zweiten Teil von «Lernprinzip Erfolg» wird auf der Grundlage des im ersten theoretisch Erarbeiteten eingehend und praxisnah dargestellt, worin diese grundlegenden Fertigkeiten im einzelnen bestehen und wie sie gelernt und gelehrt werden können.
Aus dem Inhalt: Was ist soziale Kompetenz? – Planvoller Aufbau von sozialen Fertigkeiten – Planvoller Abbau problematischen sozialen Verhaltens – Lernen und Denken – Die Vielfalt lernerischer Aktivitäten – Lernen und Denken Lehren – Was bedeutet Lehren? – Lernzielplanung – Lernorganisationsplanung und Lernorganisation – Lernkontrollplanung und Lernkontrolle – Soziale Fertigkeiten des kompetenten Lehrers – Lehren Lernen – Verbesserung der Lehrkompetenz durch Selbstkontrolle.

Verlag Peter Lang Bern · Frankfurt a.M. · New York
Auslieferung: Verlag Peter Lang AG, Jupiterstr. 15, CH-3000 Bern 15
Telefon (0041/31) 32 11 22, Telex verl ch 32 420

Kleffmann, Rainer
DER AUFGEKLÄRTE MENSCH
Freuds philosophische, psychoanalytische und pädagogische Begründung der Subjektivität
Frankfurt/M., Bern, Cirencester/U.K., 1980. 195 S.
Europäische Hochschulschriften: Reihe 11, Pädagogik. Bd. 82
ISBN 3-8204-6714-9   br. sFr. 37.–

Das Verhältnis von Psychoanalyse und Pädagogik lässt sich über seine erziehungspraktische Bedeutung hinaus kategorial bestimmen. Pädagogik wird dabei als Bildungs- und Erziehungstheorie verstanden, in der zugleich nach der Legitimation und dem erzieherischen Handeln gefragt ist; dem psychoanalytischen Selbstverständnis können philosophische Implikationen und eine Ausrichtung auf die Autonomie des bewussten Ich nachgewiesen werden. Die Psychoanalyse bringt ausserdem den subjektiven Faktor in einer Weise in die Diskussion, wie er bisher in der Pädagogik nicht vertreten ist.

Fellsches, Josef
ERZIEHUNG UND EINGREIFENDES HANDELN
Eine Grundlegung pädagogischer Praxis
Frankfurt/M., Bern, Las Vegas, 1981. VI, 212 S.
Studien zur Pädagogik der Schule. Bd. 1
ISBN 3-8204-6917-6   br. sFr. 36.–

Im Kontext der sozialen Realität wird die Frage nach Chancen von Erziehung und Bildung gestellt und mit einer zu eingreifendem Handeln herausfordernden Handlungs- und Subjekttheorie beantwortet. Aus einer Analyse der Geschichte der bürgerlichen Gesellschaft werden pädagogisch-politische Perspektiven gewonnen – Anerkennung des Einzelnen, Kritik und Selbstbestimmung –, die zu Hinweisen darauf führen, welchen Beitrag pädagogische Arbeit zu einer Umwandlung der bürgerlichen Gesellschaft in eine nachbürgerliche leisten kann.
Aus dem Inhalt: «Handeln» und «Subjekt» als Brennpunkte der Grundlegung – Erziehung im Gesamtzusammenhang (Gesellschaftstheorie, Politische Theorie, Erziehungstheorie) – Partizipation als bestimmende Teilhabe – Handlungstheorie – Subjekttheorie – Chancen und Grenzen eingreifenden Handelns.

Verlag Peter Lang Bern · Frankfurt a.M. · New York
Auslieferung: Verlag Peter Lang AG, Jupiterstr. 15, CH-3000 Bern 15
Telefon (0041/31) 32 11 22, Telex verl ch 32 420

Lippitz, Wilfried
DIALEKTISCHE BILDUNGSTHEORIE IN DIALEKTISCHER KRITIK
Frankfurt/M., Bern, München, 1976. 210 S.
Europäische Hochschulschriften: Reihe 11, Pädagogik. Bd. 29
ISBN 3-261-01662-0 br. sFr. 36.–

Thema der vorliegenden Arbeit ist der dialektische Gehalt der wichtigsten bildungstheoretischen Abhandlungen des pädagogischen Theoretikers Josef Derbolav. Ergebnis der zum grössten Teil immanent durchgeführten Analyse ist der Aufweis, dass Derbolav die dialektische Fassung didaktischer, anthropologischer und handlungstheoretischer Prinzipien aufgrund metaphysischer Denkstrukturen nicht oder nur teilweise gelingt. Inwieweit einige dieser Prinzipien dialektisches Potential enthalten könnten, zeigt der Verfasser anhand der Entwicklung eines eigenen, an der hermeneutischen Philosophie orientierten dialektischen Standpunktes.

Fischer, Hans-Joachim
KRITISCHE PÄDAGOGIK UND KRITISCH-RATIONALE PÄDAGOGIK
Die Bedeutung zweier Rationalitätsparadigmen für die pädagogische Zielreflexion
Frankfurt/M., Bern, 1981. VIII, 631 S.
Europäische Hochschulschriften: Reihe 11, Pädagogik. Bd. 100
ISBN 3-8204-6859-5 br. sFr. 95.–

Auf die metatheoretische Diskussion der deutschen Gegenwartspädagogik haben Kritische Theorie und Kritischer Rationalismus einen prägenden Einfluss. Die Untersuchung beleuchtet die Möglichkeiten und Grenzen ihrer Rationalität anhand eines kritischen interparadigmatischen Vergleichs. Dieser ist thematisch konzentriert auf Probleme der erzieherischen Zielreflexion.

Michel, Norbert
EINE GRUNDLEGUNG DER PÄDAGOGIK IN DER FRÜHPHILOSOPHIE LUDWIG WITTGENSTEINS
Frankfurt/M., Bern, 1981. 201 S.
Paideia – Studien zur systematischen Pädagogik. Bd. 1
ISBN 3-8204-6913-3 br. sFr. 37.–

Während Ludwig Wittgenstein in der philosophischen Diskussion zunehmend Interesse findet, ist die systematisch-pädagogische Bedeutung insbesondere seiner Frühphilosophie bisher nicht beachtet worden: Wittgenstein gilt weithin als Sprachphilosoph, nicht aber als Ethiker oder gar als Grundlegungstheoretiker der Pädagogik. Demgegenüber wird in dieser Arbeit aufgewiesen, dass der Argumentationsgang des Tractates stringent auf eine indirekte ethisch-pädagogische Mitteilung zielt, und es werden die in ihm enthaltene philosophische Grundlegung einer Pädagogik sowie einige ihrer Grundzüge entwickelt.

Verlag Peter Lang Bern · Frankfurt a.M. · New York
Auslieferung: Verlag Peter Lang AG, Jupiterstr. 15, CH-3000 Bern 15
Telefon (0041/31) 32 11 22, Telex verl ch 32 420